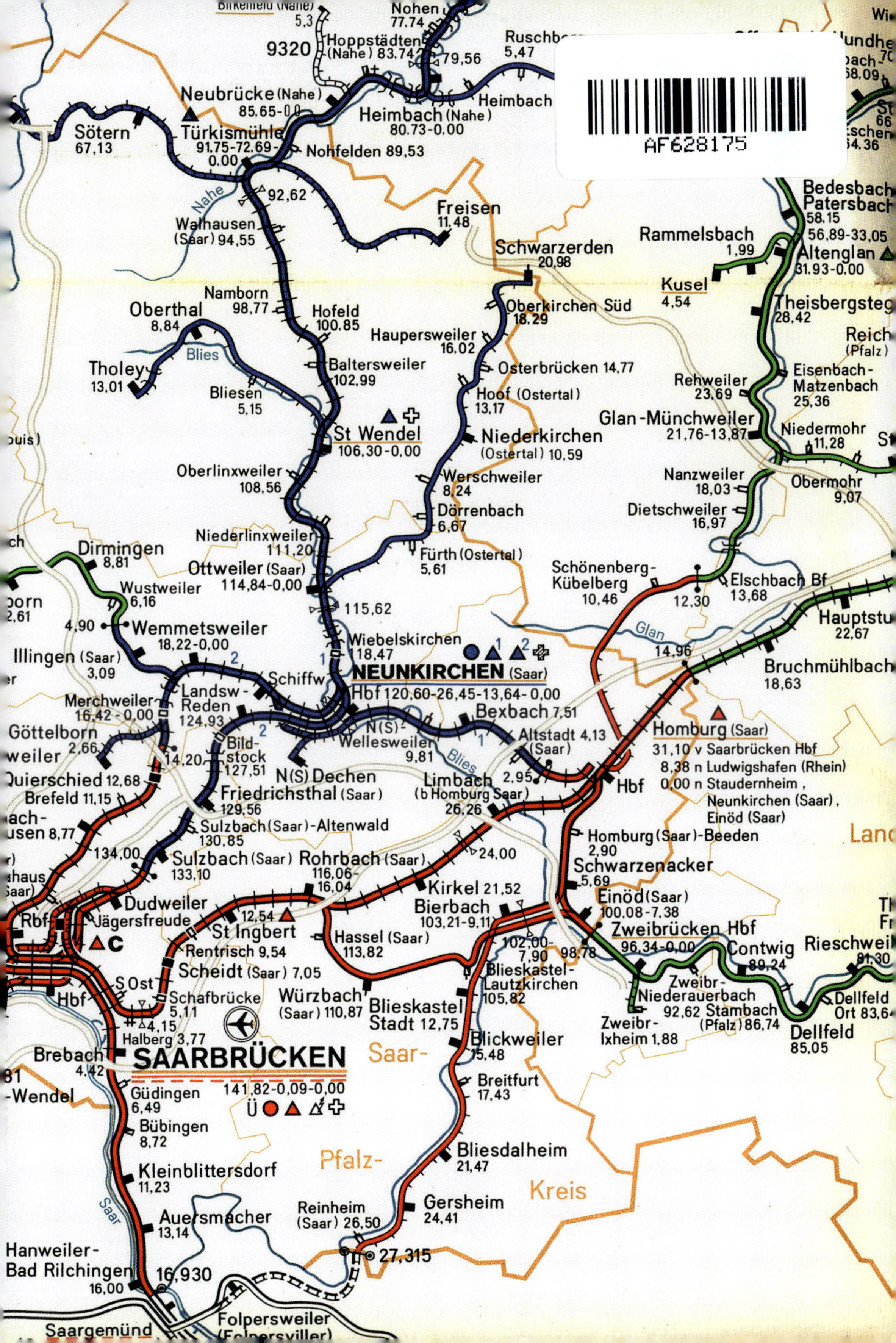
9320
Nohen 77,74
Hoppstädten (Nahe) 83,74
79,56
Ruschberg 5,47
Neubrücke (Nahe) 85,65-0,0
Heimbach (Nahe) 80,73-0,00
Heimbach
Sötern 67,13
Türkismühle 91,75-72,69-0,00
Nohfelden 89,53
Nahe
92,62
Freisen 11,48
Walhausen (Saar) 94,55
Schwarzerden 20,98
Rammelsbach 1,99
Bedesbach-Patersbach 58,15
56,89-33,05
Altenglan 31,93-0,00
Kusel 4,54
Namborn 98,77
Oberthal 8,84
Hofeld 100,85
Oberkirchen Süd 18,29
Theisbergstegen 28,42
Haupersweiler 16,02
Reichenbach (Pfalz)
Blies
Tholey 13,01
Baltersweiler 102,99
Osterbrücken 14,77
Eisenbach-Matzenbach 25,36
Rehweiler 23,69
Bliesen 5,15
Hoof (Ostertal) 13,17
Glan-Münchweiler 21,76-13,87
Niedermohr 11,28
St Wendel 106,30-0,00
Niederkirchen (Ostertal) 10,59
Oberlinxweiler 108,56
Werschweiler 8,24
Nanzweiler 18,03
Obermohr 9,07
Dörrenbach 6,67
Dietschweiler 16,97
Niederlinxweiler 111,20
Fürth (Ostertal) 5,61
Dirmingen 8,81
Ottweiler (Saar) 114,84-0,00
Schönenberg-Kübelberg 10,46
Elschbach Bf 13,68
12,30
Wustweiler 6,16
115,62
Hauptstuhl 22,67
4,90
Wemmetsweiler 18,22-0,00
Glan
Wiebelskirchen 118,47
14,96
Illingen (Saar) 3,09
NEUNKIRCHEN (Saar)
Hbf 120,60-26,45-13,64-0,00
Bruchmühlbach 18,63
Schiffweiler
Merchweiler 16,42-0,00
Landsweiler-Reden 124,93
Bexbach 7,51
Göttelborn 2,66
N(S)-Wellesweiler 9,81
Altstadt 4,13 (Saar)
Homburg (Saar)
31,10 v Saarbrücken Hbf
8,38 n Ludwigshafen (Rhein)
0,00 n Staudernheim, Neunkirchen (Saar), Einöd (Saar)
Bildstock 127,51
14,20
Blies
Quierschied 12,68
N(S) Dechen
Limbach (b Homburg Saar) 26,26
2,95
Hbf
Brefeld 11,15
Friedrichsthal (Saar) 129,56
Sulzbach (Saar)-Altenwald 130,85
Homburg (Saar)-Beeden 2,90
134,00
24,00
Sulzbach (Saar) 133,10
Rohrbach (Saar) 116,06-16,04
Schwarzenacker 5,69
Kirkel 21,52
Dudweiler
Bierbach 103,21-9,11
Einöd (Saar) 100,08-7,38
Jägersfreude
12,54
Zweibrücken Hbf 96,34-0,00
Rbf
St Ingbert
C
Hassel (Saar) 113,82
102,00-7,90
98,78
Contwig 89,24
Rieschweiler 81,30
Rentrisch 9,54
Scheidt (Saar) 7,05
Blieskastel-Lautzkirchen 105,82
Zweibr-Niederauerbach 92,62
S Ost
Schafbrücke 5,11
Würzbach (Saar) 110,87
Blieskastel Stadt 12,75
Stambach (Pfalz) 86,74
Dellfeld Ort 83,64
Hbf
4,15
Halberg 3,77
Zweibr-Ixheim 1,88
Dellfeld 85,05
Brebach 4,42
SAARBRÜCKEN 141,82-0,09-0,00
Saar-
Blickweiler 15,48
Ü
Breitfurt 17,43
-Wendel
Güdingen 6,49
Bübingen 8,72
Pfalz-
Bliesdalheim 21,47
Kleinblittersdorf 11,23
Kreis
Saar
Gersheim 24,41
Auersmacher 13,14
Reinheim (Saar) 26,50
27,315
Hanweiler-Bad Rilchingen 16,00
16,930
Folpersweiler (Folpersviller)
Saargemünd

Nicht immer in diesem Buch wird das Motiv so deutlich verortbar sein wie dieses, aufgenommen in Völklingen. Zwar gab es seit 1982 auch hier einige Veränderungen wie das neue Bahnhofsgebäude, aber einiges ist geblieben, z.B. das Bahnsteigdach oder die Hütte, die inzwischen Weltkulturerbe und nicht mehr in Betrieb ist.

Eisenbahnen im Saarland
einst & jetzt

SUTTON

Wie im Vorwort von Martin Springer zu lesen ist, wandelt sich das Bild der Bahn ständig. Größere Veränderungen bringen meist auch einen „Zwischenstand“ mit sich. So wurden in Reinheim an der Bliestalbahn bei der Umwandlung vom Bahnhof zum Haltepunkt die Signale nicht direkt entfernt. Das Einfahrsignal, wenn man von Gersheim kommt, stand im Februar 1978 noch, der obere Flügel war aber nach unten geklappt und das Signal mit einem „X“ als ungültig markiert.

Florian Bender

Eisenbahnen im Saarland

einst & jetzt

Bahnbetrieb im Wandel – eine spannende Zeitreise in Bildern

SUTTON

Inhalt

Vorwort

Nichts führt uns den ständigen Wandel unserer Welt deutlicher vor Augen als die Gegenüberstellung von Bildern mit dem gleichen Motiv von früher und heute. Je nach Länge der Zeitspanne zwischen zwei Aufnahmedaten wird dieser Wandel mal weniger, gelegentlich aber auch ziemlich krass sichtbar. Dabei gehen diese Veränderungen im Empfinden des Menschen doch vergleichbar mit einem Uhrzeiger vonstatten: Man sieht nicht, wie er wandert, trotzdem ist er in ständiger Bewegung und beim nächsten Blick schon wieder ein Stückchen weiter.

Naturgemäß ist damit auch das Erscheinungsbild der Eisenbahn ständigem Wechsel unterworfen: nicht nur Lokomotiven und Wagen, sondern alles, was dazugehört, wie Gleisanlagen, Bahnhöfe, Signale, Brücken – um nur einiges zu nennen. Florian Bender hat sich auf die Suche nach historischen Fotos gemacht, manche 50 Jahre und älter, danach teils mühevoll die damaligen Fotostandpunkte aufgespürt, um dann als Kontrast die heutige Situation zu dokumentieren.

Mehrfach war der exakte frühere Fotostandpunkt nicht mehr nachzuvollziehen, durch neue Bebauung oder Vegetation nicht mehr zugänglich. Denn leider viel zu oft sind die alten Relikte wie Bahngebäude und Gleise abgebaut worden, spurlos verschwunden, unter wucherndem Bewuchs, Neubaugebieten oder Straßen verloren gegangen. Vor allem die Jüngeren unter uns können sich oft nicht mehr vorstellen, dass dort einmal Güter- und Personenzüge verkehrten, die für die Bevölkerung einst den Anschluss an die weite Welt und wachsenden Wohlstand bedeuteten.

Die Älteren unserer Generation werden sich allerdings noch gut daran erinnern, und das dargestellte Zeitfenster bietet gerade diesem Personenkreis – und nicht nur den Eisenbahnfreunden – einen außerordentlich hohen Wiedererkennungswert. Als vor einem halben Jahrhundert das Zeitalter der Dampflokomotiven unweigerlich dem Ende zuging, haben viele Enthusiasten vor allem den letzten schwarzen Giganten nachgespürt und dadurch das Erscheinungsbild der „alten" Eisenbahn in Film und Foto festgehalten. Die damals entstandenen Archive waren somit eine wertvolle Quelle für die Realisierung dieses Buchvorhabens.

Den Lesern und Bildbetrachtern dieses Buches sei viel Freude gewünscht, wenn die Fotografien so manche Erinnerung bei ihnen wecken, gepaart mit Erstaunen und der nostalgischen Erkenntnis: Was hat es nicht alles schon mal gegeben in unserem Saarland! Und nicht zuletzt werden auch gestandene Modellbahner die eine oder andere Anregung für sich entdecken.

Hinzugefügt sei noch das Zitat eines heutigen Eisenbahn-Senioren, der vor einem halben Jahrhundert die allgegenwärtigen modernen Schienenbusse und Dieselloks fotografierte, während die meisten Hobbykollegen nur den letzten Dampfrössern nachjagten: „Man muss die ganze Eisenbahn so fotografieren, wie sie jetzt ist. Historisch wird alles von ganz alleine."

Recht hat er. Dieses Buch ist der beste Beweis.

Martin Springer

Vorwort des Verfassers

Im Jahr 1848 fuhr der erste Zug im heutigen Saarland. Seitdem gab es sowohl bei der Eisenbahn als auch in anderen Bereichen viele Veränderungen, die sich oft gegenseitig bedingten oder direkt miteinander verbunden waren. So erleichterte und vergünstigte die Eisenbahn den Transport der saarländischen Kohle, wodurch diese überregional mit der auf dem Rhein transportierten Ruhrkohle konkurrenzfähig wurde. Dadurch entstanden immer mehr Gruben und Bahnstrecken sowie Grubenanschlussbahnen, die Transportmengen an Kohle auf der Bahn stiegen und um den vermehrten Bedarf an Arbeitern zu decken, wurden Bahnstrecken aus dem wirtschaftlich schwachen Hochwald zu den Industriezentren gebaut. Mit dem beginnenden Strukturwandel weg von der Kohle nach dem Zweiten Weltkrieg lief diese Entwicklung relativ parallel auch wieder in die umgekehrte Richtung. Gruben wurden geschlossen, Transportmengen und Fahrgastzahlen sanken, Strecken wurden unrentabel, stillgelegt und abgebaut. So wird uns die Montanindustrie auch in diesem Buch häufig begegnen.

Bei einem Umfang von 55 Bildpaaren und aktuell 52 Gemeinden liegt es nahe, aus jeder Gemeinde ein Bildpaar zu zeigen. Allerdings ist in zwei Gemeinden, nämlich Weiskirchen und Marpingen, nie ein Zug gefahren. Auch Spiesen-Elversberg hatte nie eine Eisenbahn im eigentlichen Sinn, immerhin aber eine Straßenbahn. Die Bahn nach Wallerfangen und die schmalspurige Bahn nach Ormesheim in der Gemeinde Mandelbachtal wurden zwar auch als Straßenbahn betrieben, waren aber als Kleinbahn konzessioniert und transportierten auch Güter. Da es über die Straßenbahnen im Saarland jedoch schon ein Buch gibt, wird darauf in diesem Werk nicht eingegangen. Auch aus der Gemeinde Schwalbach gibt es in diesem Buch kein Vergleichsbild. Zwar befand sich auf deren Gemeindegebiet die Grube Griesborn, die über einen Bahnanschluss verfügte, jedoch sind die Gleisanlagen heute vollständig verschwunden und das Gelände bewaldet, sodass kein sinnvolles Foto möglich war. Auch dürfte für jeden nachvollziehbar sein, dass es nicht möglich ist, alles in einem Buch abzudecken. Die Bahnkenner unter den Lesern werden bestimmt das eine oder andere für sie Neue entdecken. Doch wie mein erstes Buch richtet sich auch dieses Werk nicht nur an Eisenbahnexperten, sondern gibt einen grundlegenden Einblick in viele Bereiche der Geschichte, insbesondere natürlich der Eisenbahn.

Noch ein Hinweis vorab: In den Bildtexten werden mehrfach der Verkehrsentwicklungsplan (VEP) sowie die detaillierte Studie dazu erwähnt. Der VEP wurde im Jahr 2020 erstellt und in der Studie werden alle Strecken mit einer positiven Erstbewertung im VEP im Detail untersucht. Deren Ergebnisse sollen nach mehrfachem Verschieben im Frühjahr 2024 vorliegen.

Nun wünsche ich aber allen viel Spaß beim Lesen und Entdecken des Saarlandes. Schauen Sie doch einmal, ob Sie jedes Motiv direkt erkennen.

Florian Bender

Bexbach

Bexbach erhielt 1849 durch die Pfälzische Ludwigsbahn (Rheinschanze (heute Ludwigshafen)–Bexbach) einen Bahnanschluss. Das ursprüngliche Bahnhofsgebäude von Bexbach, der niedrige zweigeschossige Teil, stammt ebenfalls aus dem Jahr 1849, wurde aber wegen des hohen Frachtaufkommens bereits 1872/73 durch den höheren zweigeschossigen Teil erweitert. 1896 folgten die eingeschossigen Anbauten, die wenig später noch vergrößert wurden. Unser historisches Bild zeigt den Zustand um 1900. Der eingeschossige Anbau (links) ist gegenüber der Fassade auf der Gleisseite noch um eine Fensterachse zurückversetzt. Vermutlich mit Errichtung des noch heute im Gebäude befindlichen Gleisbildstellwerkes vom Typ SpDrS59 im Jahr 1964 wurde in der Mitte des ältesten Teils ein Erker für den Fahrdienstleiter angebracht.

Das historische Bahnsteigdach entfernte man bei einer Sanierung im Jahr 1984, da von 1986 bis 1988 Umbauarbeiten für den noch heute vorhandenen Mittelbahnsteig vorgenommen wurden und der alte Hausbahnsteig daher nicht mehr genutzt wurde. 2018 erfolgte eine weitere Sanierung des Gebäudes, bei welcher der Erker zurückgebaut und auch viele andere Details wieder in den Ursprungszustand versetzt wurden. Auf dem Foto vom 4. März 2021 ist dieser Zustand zu sehen, während gerade einer der damals neuen Triebwagen des Typs Talent 3 (8442 148) des Betreibers Vlexx (**V**ier **L**änder **Ex**press) als RB nach Illingen einfährt. Zusammen mit dem Gebäude der Güterabfertigung bildet das Bexbacher Bahnhofsgebäude als ältestes Bahnhofsgebäude im Saarland seit 1989 ein denkmalgeschütztes Ensemble.

Neunkirchen

Mit einer Länge von über vier Kilometern (Einfahrsignale von Landsweiler-Reden und Ottweiler) gehört der Bahnhof Neunkirchen zu den größten im Saarland und ist gleichzeitig ein Vertreter der seltenen Art der Keilbahnhöfe, da das Empfangsgebäude wie ein Keil zwischen dem Pfalzbahnflügel im Süden und dem Nahebahnflügel im Norden liegt. An den Nahebahnflügel schloss sich bis in die 1980er-Jahre das Betriebswagenwerk (Bww) an, dessen Gleisanlagen 1984 zurückgebaut wurden. Die Halle war im März 1992, als 141 403 nach Wemmetsweiler fährt, noch erhalten, wurde aber später abgerissen und das Gelände verwilderte. Am Nahebahnflügel zweigten einst zwei Grubenanschlussbahnen ab. Die Strecke zur Grube Ziewald wurde bereits 1881 aufgegeben, die Trasse mit der Straße Nahebahnschacht überbaut. Die Strecke zur Grube

Kohlwald existierte ab 1880 und wurde 1966 zum Bahnhofsgleis umgewandelt, später eingekürzt und teilweise durch die Straße Im Katzentümpel überbaut. Die ersten ca. 1,5 Kilometer werden heute noch genutzt, gehören aber weitestgehend zum Gleisanschluss Saarstahl.

Auch am Pfalzbahnflügel gab es im Bereich des Empfangsgebäudes ein paar kleinere Umsowie Rückbauten. Die weitaus größeren Veränderungen erfolgten aber östlich der Konrad-Adenauer-Brücke. Hier wurde der Ortsgüterbahnhof deutlich zurück- und der Anschluss Schlachthof abgebaut. Mit der Kohleentladestelle Hilswiese, von wo ein 2.200 Meter langes unterirdisches Förderband zum Kraftwerk St. Barbara in Bexbach führt, gibt es neben den Gleisanlagen im neuen Werk von Saarstahl auch einen neu gebauten Gleisanschluss.

Sinnerthal

Insbesondere hier im westlichen Teil bei Sinnerthal hat der Bf Neunkirchen in den vergangenen Jahren einige der einst umfangreichen Gleisanlagen (über 70 Gleise) und Anschlüsse eingebüßt. Südlich des Bahnhofs führte ab 1850 eine Strecke zu den Gruben Heinitz und Dechen, auf der bis 1967 Personenverkehr bestand. Der Verlauf ist auf dem Luftbild gut zu erkennen, da sie erst Ende 2000 stillgelegt wurde. Die seit 1872 bestehende Strecke zur Grube König wurde schon 1974 zum Bahnhofsgleis und ist heute teilweise durch die Königsbahnstraße überbaut. In Neunkirchen gab es auch ein Bw mit Rundschuppen, das sich nordöstlich der Kreuzung Frankenfeldstraße/Am alten Hof befand. Die dazugehörige Drehscheibe existierte bis Ende der 1970er-Jahre.

Als die 140 im September 1985 den Bahnhof mit einem Güterzug in Richtung Landsweiler-Reden verlässt, hat sich auch diese Stelle schon verändert. Am vorderen durchgehenden Gleis befand sich bis 1983 die Weiche des „Erzbahngleises“, was den großen Abstand des Oberleitungsmastes (Bildmitte) zum Gleis erklärt. Das Erzbahngleis zweigte hinter dem Bahnhof Schiffweiler von der Fischbachbahn ab, führte über eine Brücke über die Redener Straße

sowie unter der Sulzbachbahn hindurch und ermöglichte so eine kreuzungsfreie Einfahrt. Zu Beginn der 2000er-Jahre erfogte mit Auflassung des Stellwerks Nwf auch ein Rückbau an Gleisen, sodass sich das Bild im Dezember 2014, als 612 006 nach Saarbrücken fährt, deutlich geändert hat. Weitere gut sieben Jahre später sind die 612 sowie der Gasometer im Hintergrund Geschichte.

Landsweiler-Reden

Wie viele Industriebetriebe hat auch die Grube Reden ihre Existenz in dem bekannten Ausmaß der Eisenbahn zu verdanken. 1847 wurde der erste Schacht (Reden I) abgeteuft. Ab 1851 war die Grube Reden über Neunkirchen an die Pfälzische Ludwigsbahn angeschlossen und ein Jahr später über Saarbrücken an die französische Ostbahn. Die Lage der Grube direkt an der Bahnstrecke mit großem Güterbahnhof war wohl auch ein Grund, wieso sie sich, als Hauptförderstandort von mehreren anderen Gruben sowie um eine Kokerei erweitert, so lange gehalten hat. 1980 wurden in Reden die Kohlen aus einst sieben eigenständigen Gruben gefördert, die alle untertage verbunden waren. Dieses Feld erstreckte sich von den Gruben Bexbach bis Sulzbach und von Kohlwald bis St. Ingbert. 1995 wurde Reden mit

Camphausen und Göttelborn zum Bergwerk Ost zusammengeschlossen und die Förderung nach Göttelborn verlegt, ehe sie 2000 ganz eingestellt wurde.

Während im September 1985 eine 140 neben einem Turmtriebwagen auf Ausfahrt Richtung Friedrichsthal wartet, war der Stern der Grube zwar schon am Sinken, aber an ein Ende der Kohleförderung noch nicht zu denken. Als im Dezember 2014 426 022 nach Türkismühle fährt, sind die umfangreichen Gleisanlagen der Grube verschwunden und das Gelände durch die „Wassergärten" überbaut, in denen das Grubenwasser aus der Wasserhaltung gekühlt wird. Außer dass das Gerüst an dem Grubengebäude sowie die 426 im Saarland verschwunden sind, hat sich in den folgenden zehn Jahren bis heute an diesem Motiv nichts geändert.

Friedrichsthal (Bildstock-Tunnel)

Am 30. März 1989 hatte 140 248 die Aufgabe, einen Kohlezug durch den Bildstock-Tunnel Richtung Saarbrücken zu bringen, und passiert dabei gerade das Einfahrsignal von Friedrichsthal. Ursprünglich verlief die Strecke hier über 100 Jahre lang vom Standpunkt des Fotografen in einer leichten Rechtskurve durch den 481 Meter langen alten Bildstock-Tunnel, der sich einige Meter rechts (östlich) vom neuen Bildstock-Tunnel befand. Da sich unter dem alten Tunnel von 1852 ein Stützpfeiler aus Kohle befand, die man abbauen wollte, und die Strecke beidseitig des Tunnels mehrfach aufgrund von Grubensenkungen überarbeitet werden musste, entschied man sich für den Bau des neuen 341 Meter langen Tunnels. Dieser wurde von 1953 bis 1955 nach einem neuen Verfahren errichtet, das den Einwirkungen durch den Kohleabbau standhalten sollte.

Auf dem Vergleichsfoto vom 8. Juni 2022 mit 185 001 und einem Stahlzug nach Völklingen ist der alte Einschnitt zum Tunnel rechts noch zu erahnen. Die Veränderung an dieser Stelle, der 2004 errichtete Haltepunkt Friedrichsthal Mitte, ist auf dem kleinen Foto mit 1440 014 als RB 12842 Neubrücke–Saarbrücken zu erkennen.

140 248-6
128
6

Sulzbach

Die Stadt Sulzbach hat ihre Existenz und heutige Größe auch der Eisenbahn zu verdanken. Die Eröffnung der Bahnstrecke war Voraussetzung für das Wachstum der Gruben in Sulzbach. 1853, bereits ein Jahr nach Eröffnung der Bahnstrecke (Neunkirchen-)Reden–Saarbrücken, nahm die Grube Mellin ihren Betrieb auf. Sie erhielt, wie die schon seit 1765 existierende Kokerei in Altenwald und die dortige Grube, im Bahnhof Sulzbach einen Anschluss an die Bahnstrecke. Das Gleis führte vom Bahnhof Sulzbach parallel zur Strecke nach Neunkirchen bis nach Altenwald, es musste allerdings eine größere Steigung als nach Neunkirchen überwunden werden. Um die Grube Mellin zu erreichen, war ein Richtungswechsel erforderlich. Auf dem Foto vom November 1988 mit einer 141 und dem Nahverkehrszug Richtung

Saarbrücken ist die Höhendifferenz von der Strecke zum Anschlussgleis und zum Lager der ehemaligen Grube zu erkennen. Anfang der 1960er-Jahre kam das Aus für die Kokerei Altenwald und die Grube Mellin. Das Anschlussgleis zur Kokerei wurde verkürzt, auf dem Gelände der Grube Mellin umgebaut und noch einige Zeit weiter genutzt. Auf dem ehemaligen Grubengelände entstand der Kohlelagerplatz Mellin, auf dem bis 2012 Kohle der saarländischen Gruben zwischengelagert wurde. Als am 11. Juni 2022 620 417 nach Saarbrücken die Stelle passiert, sind die Reste der ehemaligen Grube Mellin sowie das Anschlussgleis schon lange abgebaut. Der ehemalige Kohlelagerplatz dient noch der Energiegewinnung, da sich dort eine Photovoltaikanlage befindet.

Saarbrücken Hbf I

Der Bahnhof von Saarbrücken besteht inzwischen seit 170 Jahren und trug bei Eröffnung den Namen „St. Johann-Saarbrücken", da er in St. Johann liegt und es die Großstadt Saarbrücken erst seit 1909 gibt. In den letzten 60 Jahren hat sich der Bahnhof mit seinen Gebäuden und Gleisanlagen fast vollständig verändert. Von dem Gebäude vor dem Bahnhof (links) aus dem Jahr 1893, das sich an der Stelle des heutigen Empfangsgebäudes befand, standen nach dem Zweiten Weltkrieg nur noch die beiden Türme, die 1952 durch einen Flachbau als Provisorium verbunden wurden. Der erste große Umbau der Nachkriegszeit begann 1963 mit dem Neubau des heute noch vorhandenen 120 Meter langen Hauptgebäudes. Auf dem Foto vom 28. August 1971 mit einem D-Zug nach Frankfurt (M), bespannt mit 103 131, ist das

Hauptgebäude fast fertiggestellt, jedoch noch teilweise eingerüstet. Am linken Bildrand ist ein Turm als Teil des Direktionsgebäude zu sehen. Im oberen Stockwerk befand sich von 1959 bis 2003 das Stellwerk für den Saarbrücker Hbf. Der Vorbau im unteren Stockwerk für die Betriebssteuerzentrale (siehe S. 82/83) existierte noch nicht. Der nächste große Umbau ab 1978 wird auf der folgenden Seite verdeutlicht. Viele kleinere Umbauten wie der Abriss des Bahnsteiges von Gleis 4 (Standort des Fotografen 1971) folgten noch. Beim Umbau zum Eurobahnhof 2006/07 wurde neben der Hauptunterführung auch die Südfassade (Straßenseite) des Empfangsgebäudes erneuert. Die Nordfassade (Gleisseite) ist am 5. Februar 2022, als 1440 025 den Bahnhof nach Kaiserslautern verlässt, noch weitgehend im Ursprungszustand.

Saarbrücken Hbf II

Im November 1977 wurde in Saarbrücken das Jubiläum „125 Jahre Eisenbahn in Saarbrücken“ gefeiert, ein IC-Triebwagen der Baureihe 403 war als Paradezug der DB zu Gast. Der große Umbau des Bahnhofs, bei dem auch das alte Inselgebäude von 1852 abgerissen wurde, stand kurz bevor. Die Fläche von Gebäude und Bahnsteig umfasste den Bereich der heutigen Bahnsteige 5 bis 16, die Gleise 12 und 14 waren Stumpfgleise, von Saarlouis kommend. Als 1980 634 665 auf dem heute nicht mehr existierenden Gleis 10 einfuhr, war der Umbau in vollem Gange. Der alte und sehr schmale Bahnsteig Gleis 17/18 war bereits verbreitert worden und umfasste nun Gleis 17 und das ehemalige Durchfahrgleis 19, Gleis 18 wurde zum Stumpfgleis. Der Bahnsteig Gleis 21/22 hielt sich inklusive des alten Dachs und des Stellwerks Sn für den Bw-Bereich am Westende bis in die 2000er-Jahre. Mit dem neuen ESTW ab 2003 wurden die Bahnsteiggleise 17–19, 21 und 22 nicht mehr genutzt. Seit dem Umbau zum Eurobahnhof dient Gleis 21 der Zufahrt zur neuen Waschanlage sowie zur Tankstelle und an der Stelle des Bahnsteigs 21/22 und des Gleises 22 befindet sich nun der Nordzugang. Bahnsteig 17/19 dient heute

der Reinigung von Fahrzeugen, wobei die Gleise 17 und 19 auch zu Stumpfgleisen wurden. Die restlichen Bahnsteige wurden saniert und erhielten einen Aufzug. Das ehemalige Bw Saarbrücken Hbf wurde weitestgehend aufgegeben, die Gleise wurden entfernt und viele Gebäude abgerissen. Seit Juni 2023 befindet sich auf dem Gelände das neue „Quartier Eurobahnhof".

Hanweiler-Bad Rilchingen

Auf den Aufnahmen zu Hanweiler, das zur Gemeinde Kleinblittersdorf gehört, ist nur teilweise das Saarland abgebildet. Der überwiegende Teil zeigt Saargemünd in Frankreich, wo sich auch der Standpunkt der Fotografen befand. Die Grenze zwischen Deutschland und Frankreich verläuft hier mitten in der Saar und somit fast mittig durch die Brücke, was die unterschiedliche Brückenkonstruktion erklärt. Auf dem Foto vom 22. März 1974 ist eine 23 mit P 4081 kurz vor ihrem Zielbahnhof Saargemünd zu sehen. Die Lok und der erste Personenwagen befanden sich zum Zeitprunkt der Aufnahme bereits zum größten Teil in Frankreich, der zweite und dritte Personenwagen, wegen der silbernen Farbe auch „Silberlinge" genannt, jedoch noch vollständig in Deutschland.

Die Strecke Saarbrücken–Saargemünd wurde 1870 eröffnet und ist heute noch eine der drei von einst sieben Bahnstrecken, die das Saarland mit Frankreich verbinden und auf denen noch regelmäßig Verkehr stattfindet. Seit September 1983 ist die Brücke auch mit elektrischen

Triebfahrzeugen befahrbar. Als Besonderheit ist im Bahnhof Saargemünd nur Gleis 1 mit einer Oberleitung ausgerüstet, die mit der deutschen Bahnstromspannung von 15 kV 16 2/3 Hz Wechselstrom statt der im Norden Frankreichs üblichen 25 kV 50 Hz betrieben wird. Seit 1997 wird die Strecke durch die Saarbahn im 30-Minuten-Takt bedient. Zusätzlich fahren hier Regionalzüge der SNCF zwischen Saarbrücken und Straßburg, die jedoch zwischen Saarbrücken und Saargemünd nicht halten. In den vergangenen 46 Jahren hat sich die Brücke immer mehr hinter Bäumen versteckt, wie das am 7. September 2020 entstandene Foto mit X73 916 und X73 905 als RE 86383 nach Straßburg zeigt.

Gersheim

Aufgrund des Muschelkalkbodens im Bliesgau gab es dort bereits zur Zeit der Römer Kalkbrennöfen. Mit der Industrialisierung und der Eröffnung der Bliestalbahn am 1. März 1879 war im Bliesgau der Grundstein für eine wirtschaftliche industrielle Kalkgewinnung und -verarbeitung gelegt. Das Neunkircher Eisenwerk Stumm errichtete 1888 einen Ringofen in Herbitzheim und übernahm nach dem Ersten Weltkrieg auch die Kalköfen in Gersheim und Blickweiler. Nach dem Zweiten Weltkrieg wurde jedoch nur noch das Kalkwerk Gersheim genutzt, das 1973 verkauft wurde. Per Bahn wurden die Neunkircher Hütte (bis 1982) und Dillinger Hütte mit Kalk aus Gersheim beliefert. Als 634 658 und 634 662 im November 1977 nach Reinheim unterwegs sind, herrschte noch viel Betrieb in Gersheim.

Nachdem am 31. Mai 1991 der letzte planmäßige Personenzug im Bliestal gefahren war, wurde das Raiffeisen-Lager am linken Bildrand noch weitere vier Monate von der Übergabe aus Zweibrücken bedient. Die Kalkbrennöfen waren zu diesem Zeitpunkt schon seit ein paar Jahren stillgelegt und auch der Kalkzug war schon Geschichte. In den folgenden Jahren verschwanden zuerst die Kalkbrennöfen, 1997 die Gleise und schließlich auch das Förderband. Das Raiffeisen-Gebäude wird zwar nicht mehr als Lager genutzt, existiert aber im Januar 2022 noch, hier verdeckt durch die Halle einer Maschinenbaufirma. Beim Bau des Lebensmittelmarktes wurde der Radweg, der sich erst auf dem ehemaligen Hauptgleis befand, in seine jetzige Lage verschwenkt, ungefähr dorthin, wo Gleis 2 (links neben dem 634) verlief.

Blickweiler

Im Jahr 1868 gab es erste Pläne zum Bau der Bliestalbahn Zweibrücken–Saargemünd, die jedoch durch den Deutsch-Französischen Krieg 1870/71 unterbrochen wurden. Anschließend hatten Bahnverbindungen in das nun zu Deutschland gehörende Reichsland Elsass-Lothringen hohe Priorität, sodass die Planungen zur Bliestalbahn schnell wieder aufgenommen wurden und auch zügig gebaut wurde. Am 1. April 1879 konnte die Strecke für den Personenverkehr vollständig eröffnet werden. Bereits neun Jahre später wurde sie um ein zweites Gleis ergänzt, das nach den Zerstörungen im Zweiten Weltkrieg jedoch nicht wieder aufgebaut wurde. Auf dem historischen Foto von 1981, das einen Schienenbus auf dem Weg nach Reinheim zeigt, ist in Blickweiler wie auch heute noch an vielen Stellen das Planum des zweiten Streckengleises erkennbar. An

dieser Stelle wird es durch den Abstand der Telegrafenleitungen zum Gleis besonders deutlich. Der Kilometerstein 16,3, von Homburg aus gerechnet, wurde erst mit der Neukilometrierung im Dezember 1951 aufgestellt. Zweibrücken, der bisherige Anfang der Bliestalbahn, lag durch die Teilautonomie des Saarlandes ab 1947 (Saarstaat) im „Ausland“. Da nicht mehr alle Kilometersteine original erhalten sind (aufgrund von Beschädigungen bei den Bauarbeiten zum Freizeitweg 1999 oder Vandalismus) wurden einige wie auch der Stein bei Kilometer 16,3 nachgebaut. So lässt sich auch heute die zurückgelegte Strecke gut ermitteln. Im April 2023, gut 40 Jahre nach der historischen Aufnahme und über 20 Jahre nach Eröffnung des Freizeitweges am 1. Mai 2000, zeigen sich auch im Umfeld (Bebauung, Vegetation) einige Veränderungen.

Einöd

Mit Eröffnung der Bahnstrecke Homburg–Zweibrücken am 7. Mai 1857 erhielt Einöd bereits sehr früh einen Bahnanschluss und wurde am 1. März 1879 durch die Eröffnung der Bliestalbahn Zweibrücken–Reinheim–Saargemünd zum Abzweigbahnhof. Aufgrund des Versailler Vertrages wurden 1920 weite Teile des heutigen Saarlandes von Deutschland abgetrennt und unter Verwaltung des Völkerbundes gestellt. So entstand zwischen dem Saargebiet und Deutschland, also auch zwischen Einöd und Zweibrücken, eine Grenze. Zwischen Homburg und Limbach wurde ein großer Zollbahnhof errichtet, in dem der größte Teil des Güterverkehrs von und in die Pfalz abgefertigt wurde. Auch in Einöd wurde ein Zollbahnhof für den Personen- und Güterverkehr errichtet, der 1925 seine Aufgaben in vollem Umfang

übernahm. Mit der Rückgliederung des Saargebietes an Deutschland in Folge der Saarabstimmung 1935 wurde der Zollbahnhof als normaler Güterbahnhof weiter genutzt. Schon zehn Jahre später, nach dem Zweiten Weltkrieg, wurde der Zollbahnhof in Einöd wieder als solcher benötigt. Diese zweite Nutzung dauerte bis zum sogenannten „Tag X“, dem 6. Juli 1959, an dem der wirtschaftliche Anschluss des Saarlandes an die Bundesrepublik Deutschland erfolgte. Zum Zeitpunkt der Aufnahme vom 16. April 1987, als 218 379 mit D 2756 Stuttgart–Saarbrücken den Bahnhof Einöd durchfährt, stand der Abbau der Abstellgleise 1989 kurz bevor. Im Mai 2022 hat sich die Natur das Gelände weitestgehend zurückerobert. An den ehemaligen Zollbahnhof erinnert seit 2014 ein „Bahnweg“ auf dem Gelände.

Homburg

Im Juli 1848 erhielt Homburg als erste Stadt im heutigen Saarland einen Bahnhof. Nach einem großen Umbau 1880/81 folgten 1901 eine umfangreiche Erweiterung sowie der Bau des Bw an heutiger Stelle, der Güterabfertigung und des Rangierstellwerks R1. 2010 wurden diese Gebäude und der große Lokschuppen als Ensemble unter Denkmalschutz gestellt, das Stellwerk und die Güterabfertigung sind aber wieder von der Denkmalliste verschwunden. Das heutige Empfangsgebäude, inzwischen auch mehrfach umgebaut, entstand in den 1950er-Jahre, nachdem das alte Gebäude wegen Kriegsschäden abgerissen worden war. In den vergangenen 30 Jahren gab es mehrmals Umbauten der Bahnsteige sowie Rückbauten der Gleisanlagen. Im August 1989 hielt die damals in Stuttgart beheimatete 110 295 auf dem Weg nach Saarbrücken noch am alten Bahnsteig Gleis 5. Dieser

wurde wie auch der Bahnsteig Gleis 3/4 und natürlich Gleis 6 im Jahr 1992 erneuert. Die anderen Bahnsteige folgten 2006, wobei zudem das Gebäude auf Bahnsteig 7/8 abgerissen wurde. 2010 wurden die Bahnsteigdächer saniert und verkürzt sowie die Fassadensanierung am Empfangsgebäude abgeschlossen. Die neuen Signale gingen 1998 zusammen mit dem Elektronischen Stellwerk in Betrieb, welches das alte Stellwerk auf Bahnsteig 7/8 ersetzte und von Karlsruhe bedient wird. Die Ladegleise 22, 23 (befanden sich rechts von den Stromverteilern) und 24 (rechts im Vordergrund auf dem historischen Bild zu sehen) wurden bereits vor rund 20 Jahren entfernt. Gleis 2 wurde schon 1998 nicht mehr ins ESTW aufgenommen. 110 295 war ab 1998 in Saarbrücken, später in Trier beheimatet und wurde 2012 verschrottet.

Kirkel

Kirkel liegt an der Bahnstrecke St. Ingbert–Homburg und somit am Nordast der Schnellfahrstrecke Paris–Ostfrankreich–Südwestdeutschland (POS Nord). Dabei hat Kirkel erst recht spät einen Bahnanschluss bekommen. Nachdem Homburg und St. Ingbert bereits ab 1867 über Einöd und Lautzkirchen verbunden waren, folgte die direkte Verbindung über Kirkel erst 1904. Wie viele Bahnhöfe wurde auch Kirkel, das vor 30 Jahren noch über ein Überholgleis und ein Ladegleis am Güterschuppen verfügte, inzwischen zum Haltepunkt degradiert. Früher gab es zudem einen Gleisanschluss in das Industriegebiet mit einem Bahnübergang über die Straße Im Forstgarten.

Auch drei Kilometer weiter westlich, zwischen Kirkel und Rohrbach, hat sich vieles verändert. Deshalb ist an dieser Stelle das jüngste der historischen Fotos abgebildet, das erst in diesem Jahrtausend entstand. Im Rahmen des Streckenausbaus zur POS Nord fanden hier

umfangreiche Bauarbeiten statt. Zur Erhöhung der Streckenhöchstgeschwindigkeit in diesem Bereich wurde eine Doppel-S-Kurve beseitigt, wofür u.a. der Neubau einer Straßenbrücke der L 119 über die Bahn erforderlich war. Am 2. Oktober 2002 waren die Arbeiten auf dem neuen Streckenabschnitt bereits sehr weit fortgeschritten. Gut einen Monat später wurde dieser dann in Betrieb genommen. Anschließend wurde die alte Strecke zurückgebaut und der Einschnitt verfüllt. Als 1440 005 am frostigen 22. Dezember 2020 mit RB 12532 auf dem Weg nach Merzig die Stelle passiert, erinnern lediglich die drei großen Oberleitungsmasten an die ehemalige Kurve der alten Strecke.

Rohrbach

Rohrbach erhielt seinen Bahnanschluss im Jahr 1895 mit der Eröffnung der neuen Strecke Hassel–St. Ingbert als Umfahrung für den instabilen Hassler-Tunnel. Der Bahnhof von Rohrbach entwickelte sich durch mehrere Gleisanschlüsse zu einem nicht unbedeutenden Bahnhof im Güterverkehr. Besonders zu erwähnen sind hier die weltweit tätigen Firmen Jansen Armaturen und Förderanlagen Ernst Heckel (heute Thyssenkrupp). Schon in den 1920er-Jahren gab es eine Drehscheibe zur Verteilung der Güterwagen auf die Anschlussgleise der Firma Heckel und des Dampfkesselwerks Poensgen & Pfahler sowie eine Schiebebühne im Werk der Firma Heckel. Mitte der 1960er-Jahre schloss die Firma Poensgen & Pfahler und die Anschlussgleise südlich des Bahnhofes wurden umgebaut. Die Drehscheibe wurde abgebaut und die Kohlehandlung erhielt einen neuen Gleisanschluss

sowie ab 1966 eine eigene Kö I. Die ab 1980 dort eingesetzte Köf II (ex DB 322 611) wurde 2000 verschrottet. Als 141 120 im November 1991 die City-Bahn inklusive „Kaffeeküch“ Richtung Saarbrücken beschleunigt, waren die Gleisanlagen noch umfangreicher als heute. Mitte der 2000er-Jahre wurden die Nebengleise im westlichen Bereich komplett um- bzw. zurückgebaut und das Gleis 3 sowie der Bahnsteig Gleis 2/3 verkürzt. Ungefähr am Standort des Fotografen des historischen Bildes befindet sich heute die Weiche 304 (am linken Bildrand des aktuellen Fotos zu sehen), weshalb das Foto vom Juni 2022, als 101 107 den IC 2058 von Stuttgart nach Saarbrücken zieht, von weiter südlich aufgenommen wurde. Das historische Nebengebäude musste dem ESTW-Modulgebäude weichen und auch das Empfangsgebäude wurde im Februar 2018 wegen Baufälligkeit abgerissen.

St. Ingbert

Von 1867 bis 1879 war der Bahnhof von St. Ingbert Endbahnhof der Strecke durch das Würzbachtal. Das Empfangsgebäude, das heute noch als solches genutzt wird, wurde 1879 mit der Eröffnung der Strecke nach Saarbrücken fertiggestellt. Das alte Empfangsgebäude ist am linken Bildrand zu sehen. Vor der Kulisse des „Beckerturms" und des Turms der katholischen Pfarrkirche St. Josef fuhr im November 1991 ein Nahverkehrszug mit einer 218 aus Pirmasens in St. Ingbert ein. Der „Beckerturm" war der Sudturm der ehemaligen Brauerei Becker, die damals zwar schon zu Karlsberg gehörte, aber noch Bier braute.

Als gut 30 Jahre später, im April 2022, 642 092 als RB von Pirmasens nach Saarbrücken Hbf durch St. Ingbert fährt, gibt es doch ein paar Veränderungen zu entdecken. Zum einen das Kuriosum, dass der Überweg schon lange verschwunden, das Schild aber, wenn auch

ziemlich verrostet, noch erhalten ist. Das ehemalige Empfangsgebäude, das nun als Restaurant genutzt wird, wurde renoviert und hat einen neuen Anstrich bekommen. Die Signale sind ebenfalls verschwunden, ihre Nachfolger, insbesondere an Gleis 3 und 4, wurden 1998 einige Meter weiter Richtung Saarbrücken aufgestellt. Dass in der Brauerei Becker schon 25 Jahre nicht mehr gebraut wird, ist nicht direkt zu erkennen. Der Schornstein der Brauerei wurde aber bereits 2013 gesprengt. Ebenfalls nicht zu erkennen ist, dass der Kirchturm St. Josef nach einem Brand neu aufgebaut wurde.

AW Burbach

Das Ausbesserungswerk (AW) Burbach entstand zwischen 1904 und 1906 als Wagenwerkstatt und wurde im Laufe der Jahre mehrfach erweitert. Da das AW St. Wendel für Dampfloks zuständig war, war Burbach das einzige AW im Saarland für Wagen, alle Wagentypen der Eisenbahn des Saarlandes (EdS) gehörten folglich zu seiner Zuständigkeit. Außerdem war es nach dem Zweiten Weltkrieg zuständig für Kleinloks, Kraftfahrzeuge und die Schienenbusse der EdS. Ab 1954 wurden im AW Burbach auch 3-Achser-Umbauwagen auf alten preußischen Rahmen aufgebaut. Am 14. Juni 1981 feierte das AW sein 75. Jubiläum, wobei u.a. 103 155 sowie 181 213 ausgestellt waren. Die Zufahrt zum AW war vom Bahnhof Burbach nur mit einem Richtungswechsel in Von der Heydt möglich. Der Triebwagen 627 001 fuhr an diesem Tag mehrfach die Strecke Bahnhof Burbach–Von der Heydt–AW und zurück.

Nach der Bahnreform und der Gründung der DB AG wurden auch die AW in Deutschland neu strukturiert und spezialisiert sowie einige Werke geschlossen. Dazu gehörte auch das AW Burbach im Jahr 1997. Pläne, hier die Werkstatt der Saarbahn anzusiedeln, haben sich recht schnell wieder zerschlagen, da die Fahrzeuge vom Bahnhof Burbach wegen der fehlenden Fahrleitung mit einem Rangiergerät zum AW geschleppt werden mussten. 1999 wurde die Strecke von Burbach zum AW stillgelegt und das Gelände von der GIU (Gesellschaft für Innovation und Unternehmensförderung) übernommen, die es seither zu einem Gewerbestandort ausbaut. Heute sind die Gebäude, die als Ensemble unter Denkmalschutz stehen, wie das Magazin- und Verwaltungsgebäude saniert und vermietet.

Luisenthal

Auch in Luisenthal befand sich die Grube direkt am Bahnhof. Im Gegensatz zu den Gruben an der Sulzbachtalbahn, wie Reden und Camphausen, die mit der Eisenbahn entstanden und daher auch als „Eisenbahnschächte" bezeichnet werden, entstand die Grube Luisenthal erst deutlich nach der Eröffnung der Bahnstrecke Saarbrücken–Merzig. Bereits 1818 gab es einen engen Zusammenhang zwischen Bergbau und Eisenbahn. Auf dem Friederiken-Schienenweg sollte Kohle von zwei Stollen im Tal zwischen Altenkessel und Püttlingen mit einer Dampflok zur Saar transportiert werden. Diese Lok konnte jedoch nicht erfolgreich in Betrieb genommen werden, sodass der Transport mit Pferden erfolgte. Wohl auch durch ihre Lage direkt an der Bahnstrecke gehörte die Grube Luisenthal zu den letzten im Saarland. Die Kohleförderung im Bergwerk Luisenthal wurde 1994 eingestellt. Von 1994

bis 2005 wurde die im Bergwerk Luisenthal abgebaute Kohle unterirdisch zur Grube Warndt transportiert und dort zu Tage gefördert. Als das Bergwerk Warndt/Luisenthal 2006 stillgelegt wurde, waren in Luisenthal die Verladung von Schacht II und die Kohlenwäsche (hinten rechts) bereits abgebrochen. Der weitere Abbruch der Grubengebäude in Luisenthal erfolgte in mehreren Etappen bis 2022. Mit der Stilllegung der Grube waren auch die Verladegleise an den Schächten und der Kohlenwäsche nicht mehr erforderlich und wurden abgebaut. Beim Vergleich des aktuellen Fotos vom Juni 2023 mit dem vom Oktober 1988 mit dem Vorserien-ICE 410 fallen aber noch weitere Veränderungen auf. So sind auch die Gleise im Vordergrund, die zum Güterschuppen führten, verschwunden, sie wurden bereits in den 2000er-Jahren entfernt.

Völklingen

Aufstieg und Niedergang der Montanindustrie werden auch in Völklingen und an seinem Bahnhof deutlich. Im östlichen Bereich befand sich südlich der DB-Gleise bis 1959 das Bw Völklingen, wo es nach dessen Ende auch die größten Veränderungen am Gleisplan gab. Die Fläche des Bw konnte genutzt werden, um die Gleise zu verlängern und die Weichen Richtung Osten zu verschieben. Im westlichen Bahnhofsbereich wurde der Gleisplan in den letzten 70 Jahren nur wenig verändert, das Umfeld und die Gebäude dafür umso mehr. Durch den Wegfall von Arbeitsplätzen und immer weniger Pendler sank auch das Fahrgastaufkommen in Völklingen. Nachdem 1985 der Personenverkehr im Köllertal beendet worden war und 1986 die Röchlingsche Hütte mit ihren Hochöfen den Betrieb eingestellt hatte, verfiel auch das

Empfangsgebäude von 1894. Es wurde jedoch saniert und beherbergt heute ein Restaurant. Dabei handelte es sich bereits um das zweite Empfangsgebäude, da das erste dem Verkehrsaufkommen schon damals nicht mehr gewachsen war. 1992 wurde das noch heute genutzte Empfangsgebäude eingeweiht.

Die Gleise 4/5 wurden üblicherweise von den Zügen der Bisttal- und Köllertalbahn genutzt, so auch auf dem Bild von 1980 mit 795 487 und 341 als P5833 von Lebach nach Saarbrücken. Nachdem 1992 auch die Bisttalbahn stillgelegt worden waren, wurde der Bahnsteig 4/5 kaum noch genutzt und ist schon seit vielen Jahren für den Personenverkehr gesperrt, wie auf dem Foto vom April 2022 zu sehen.

Großrosseln

Die Rosseltalbahn Saarbrücken–Fürstenhausen–Großrosseln ist ein ähnlich trauriges Beispiel für eine Verkehrspolitik ohne Weitsicht wie die Bisttalbahn. Eröffnet wurde die Strecke Saarbrücken–Großrosseln 1907, im Jahr 1963 wurde sie elektrifiziert und bis zur Grube Warndt bei Karlsbrunn verlängert. Bereits 1976 kam dann das Aus für den planmäßigen Personenverkehr nach Großrosseln. Als am 12. November 1994 der Schienenbus 795 240 mit Beiwagen 995 019 bei einer Sonderfahrt in Großrosseln hält, wurde die Strecke noch rege von Kohlezügen befahren. Vor dem Ende der Kohlenzüge durch die Stilllegung der Grube 2005 kam es im Rahmen des „Warndt-Weekend" zu Einsätzen der Saarbahn. Nach dem Ende der Kohlezüge wurde die Oberleitung zurückgebaut und somit waren auch die Saarbahneinsätze fortan Geschichte. 2006 folgte die

Stilllegung zwischen Fürstenhausen und Warndt Grube und die Strecke fiel (abgesehen von Draisinenfahrten zwischen 2007 und 2012) in einen „Dornröschenschlaf". So kam es, dass nun parallel zur sehr stark befahrenen A620 zwischen den AS Völklingen und Geislautern drei (!) ehemals elektrifizierte Streckengleise (zwei nach Hostenbach, eines in den Warndt) seit mehreren Jahren ungenutzt bleiben. Ab Fürstenhausen kann ohne Umwege mit elektrischen Fahrzeugen sowohl der Saarbrücker Hbf als auch das Netz der Saarbahn in der Saarbrücker Innenstadt erreicht werden. Zum Zeitpunkt der jüngeren Aufnahme im März 2022 in Großrosseln bleibt nur die Hoffnung, dass das im Verkehrsentwicklungsplan vorgeschlagene Szenario der ÖPNV-Offensive umgesetzt wird und in absehbarer Zeit wieder Züge bzw. Saarbahnen bis Großrosseln verkehren.

Überherrn

Der Grenzübergang Überherrn/Falk-Hargarten war vor dem Zweiten Weltkrieg der wichtigste Grenzübergang zwischen Deutschland und Frankreich mit etwa 90 % des Frachtaufkommens im Schienengüterverkehr. Auch nach dem Zweiten Weltkrieg gab es noch beachtliche Gütertransporte über den Grenzübergang bei Überherrn, weshalb diese Strecke auch elektrifiziert wurde. Von den sieben Grenzübergängen zwischen dem Saarland und Frankreich waren nur drei beidseits der Grenze elektrifiziert. Überherrn bot dabei jedoch die Besonderheit, dass sich die Systemtrennstelle nicht wie üblich an der Grenze, sondern im Bahnhof Überherrn befand. Man konnte bei Bedarf zwischen den beiden Systemen wechseln, so konnten Einsystem-Eloks der SNCF planmäßig auch im Saarland eingesetzt werden. Vierzehn Jahre nach der Einstellung des Personenverkehrs über die Grenze bei

Überherrn fuhr am 27. September 1986 CC-14133 mit dem letzten Güterzug über die Grenze bei Überherrn. Ein von der Firma Mosolf beauftragtes Gutachten kam 2016 zu dem Ergebnis, dass ab Überherrn auch durch das neue Industriegebiet Lisdorfer Berg ein erheblicher Verkehrsbedarf besteht. Jedoch fand sich niemand, der die hohen Investitionskosten in die Strecke tragen wollte. So liegen im Januar 2022 die Gleisanlagen immer noch brach, die Oberleitung wurde längst entfernt. Der größte hier nicht sichtbare Teil des ehemaligen Rbf ist durch die seit 2016 ungenutzte Verladeanlage der Fa. Mosolf überbaut (die Pläne für ein Containerterminal liegen auf Eis). Durch die positive Erstbewertung für den SPNV im Rahmen des Verkehrsentwicklungsplans besteht durchaus Hoffnung auf eine Reaktivierung, die Detailstudie dazu wird gerade erstellt.

Wadgassen

Die erste Bahnverbindung der Gemeinde Wadgassen war die am 1. April 1880 eröffnete Bahnstrecke Teterchen–Hargarten–Überherrn–Bous. Ein Jahr später folgte die Bahnstrecke von Wadgassen über Hostenbach nach Völklingen, wodurch Wadgassen zum Abzweigbahnhof wurde. Mit Eröffnung der Strecke von Bous über Hostenbach nach Fürstenhausen war das bis 1945 bestehende Gleisdreieck komplett. Das Güteraufkommen der Porzellanfabrik (Cristallerie), dem ersten gemeinsamen Werk der Unternehmer Villeroy und Boch, spielte bereits bei der Planung der Strecke eine Rolle. Neben den auf dem Foto vom 28. Februar 1992 rechts zu sehenden Gleisen gab es auch noch mehrere Ladegleise zwischen dem Empfangsgebäude und dem heutigen Kreisel am Bahnübergang (heute Karl-Koch-Straße). Auf dem Foto ist dieser

Bereich durch den von 141 153 geschobenen N 4962 von Völklingen nach Überherrn verdeckt. Lediglich ein Rest des Gleises an der Laderampe ist auch heute noch vorhanden. Der Personenverkehr endete am 30. Mai 1992 und 1995 wurde die Oberleitung demontiert, während zeitgleich durch den neuen RLP-Takt das Nahverkehrsangebot in Rheinland-Pfalz deutlich verbessert wurde. 2003 wurde die Strecke stillgelegt, in eine Anschlussbahn umgewandelt und durch den Automobillogistiker Mosolf gepachtet. Bis 2016 verkehrten mehrmals die Woche Güterzüge von Saarbrücken über Fürstenhausen nach Überherrn, ehe der Verkehr wegen des schlechten Streckenzustands eingestellt werden musste. Am 27. März 2022 hat sich die Natur die Gleisanlagen in Wadgassen zurückerobert, die Signale sind aber noch weitestgehend vorhanden.

Bous

Auch wenn die Halle schon auf der Gemarkung der Gemeinde Ensdorf liegt (im Hintergrund das Kraftwerk Ensdorf), gehört sie betrieblich zum Bahnhof Bous. Gebaut wurde sie 1953 als die Brückenmeisterei (Brüm) der Eisenbahnen des Saarlandes von Lebach nach Bous umzog. 1969 wurde die Brückenmeisterei Bous geschlossen, das Gelände und die Halle wurden aber bis 1988 als Lager für Hilfsbrücken und als Montagestützpunkt der Brückenmeisterei Konz weiter genutzt. Im Jahr 1988 wurde das Gelände noch anderweitig genutzt. Am Bahnhof Bous (heutiger Parkplatz) hatte ein Schrotthändler seinen Sitz, der auf dem Gelände Lokomotiven der Baureihe 194 (deutsches Krokodil) verschrottete.

Betrieblich gesehen hatte der Bahnhof Bous früher eine größere Bedeutung und daher auch deutlich mehr Gleise als heute. Neben dem Brückenlager sorgt nach wie vor das Röhrenwerk für Güterverkehr und Rangieraufwand. Außerdem gab es in Bous eine eigene Bahnmeisterei, deren Gebäude auch heute noch erhalten ist. Auf der Gleisseite ist die Inschrift „Bahnmeisterei Bouß“ noch sehr gut zu erkennen. In Bous zweigte bis 1945 die Bahnstrecke über die Saar nach Hostenbach und Wadgassen ab, wodurch ein Gleisdreieck entstand. Somit war es möglich, ohne Fahrtrichtungswechsel zwischen Bous und Saarbrücken beidseitig der Saar zu fahren. Als im Mai 2022 182 600, als Ersatz für die hier normalerweise eingesetzten 151 der SaarRail, einen Zug mit Flüssigeisen nach Völklingen bringt, ist die Halle schon lange ungenutzt, das Gleis daneben aber gerade erst erneuert.

Ensdorf

Der Bahnhof Ensdorf wird zwar noch heute von der Übergabe aus Dillingen angefahren, hat aber in den letzten Jahren deutlich an Bedeutung verloren. Beim Vergleich der Bilder vom Juli 1993, als 141 003 einen Nahverkehrszug Richtung Saarlouis schiebt, und vom 26. März 2022 mit 1440 002 als RB nach Saarhölzbach fallen auf den ersten Blick nur das Saarpolygon auf der Bergehalde und der moderne Nahverkehrszug als Veränderungen auf. Die einst für den Bergbau benötigten, umfangreichen Gleisanlagen sind noch größtenteils erhalten und werden heute überwiegend zum Abstellen nicht benötigter Güterwagen genutzt. Die Kohle des Bergwerks Saar (Schacht Duhamel) wurde ab 1917 bis zum Ende der Kohleförderung im Juni 2012 über den eigenen, 1972 elektrifizierten Gleisanschluss abtransportiert. Ein weiterer Kunde war ab 1961 das Kraftwerk, das neben Kohle auch Ammoniak zur Rauchgasreinigung per

Bahn erhielt. Ab 2012 war das speziell auf die Ballastkohle aus der Kohlewäsche des benachbarten Bergwerkes ausgelegte Kraftwerk auf Importkohle angewiesen, Ende 2017 wurde es stillgelegt. Aktuell findet (voraussichtlich bis 2025) der Abriss des Kraftwerks statt, auf dessen Gelände dann eine Chipfabrik entstehen soll. Des Weiteren zweigte ab 1861 östlich der Bahn, etwa an der jetzigen Eisenbahnüberführung über die B51, eine Strecke im Linksbogen zur Grube Griesborn ab. Die Grube wurde 1957 mit dem Schacht Duhamel zum Bergwerk Ensdorf zusammengelegt, die Strecke aber erst 1966 stillgelegt. Außerdem befand sich in Ensdorf, südlich des Empfangsgebäudes zwischen dem Schienenweg und Gleis 1, der Übergabebahnhof der 1963 stillgelegten Saarlouiser Kleinbahn, die am südlichen Ende des Stockerwegs in einem Rechtsbogen zur Brücke über die Saar an der heutigen Schleuse führte.

Lisdorf

Auch im Saarlouiser Stadtteil Lisdorf gab es einmal eine Eisenbahn. 1897 wurde die Strecke Ensdorf–Lisdorf–Kleinbahnhof Saarlouis–Wallerfangen als dampfbetriebene Kleinbahnstrecke in Betrieb genommen. Zwar verlief die Strecke weitestgehend im Straßenraum, die Spurweite von 1.435 mm (Regelspur) erlaubte jedoch die Übernahme von Güterwagen der Staatsbahn in Ensdorf, um sie zu verschiedenen Anschließern und Werken zu bringen. An Kunden im Güterverkehr sind neben mehreren kleinen Unternehmen wie einem Kohlehändler insbesondere das Kohlensäurewerk Lisdorf sowie ein Keramikwerk in Wallerfangen zu erwähnen. Erheblichen Güterverkehr bescherten auch die Kohletransporte der Grube La Houve in Creuzwald zur Dillinger Hütte. Mit der Einstellung des Güterverkehrs zwischen

Saarlouis und Ensdorf im Jahr 1963 endete die Geschichte der Kleinbahn Saarlouis. Der Bahnhof Lisdorf wurde jedoch von der DB noch weiter durch Straßenroller als Gütertarifpunkt bedient. An der Güterabfertigung in Saarlouis wurden die Wagen auf die Straßenroller geladen und zu den Kunden gebracht. Anfänglich mit einer 150-PS-starken Kaelble-Zugmaschine, die Anfang der 1970er-Jahre von einer stärkeren Kaelble abgelöst wurde. So war es noch 1974 möglich, Güterwagen der DB in Lisdorf zu sehen, wenn auch schon keine Gleise mehr vorhanden sind. Auf dem Bild sind die angelieferten Bohnenstangen für die Firma Breininger bereits abgeladen. 2023 ist der Straßentransport schon lange Geschichte, das Bahnhofsgebäude erinnert jedoch noch an die Zeit der Kleinbahn.

Saarlouis

Obwohl die Saarstrecke Saarbrücken–Merzig bereits 1858 eröffnet wurde, gibt es den Bahnhof von Saarlouis in seiner jetzigen Lage in Roden erst seit 1910. Zuvor befand sich der Personenbahnhof etwa 550 Meter weiter östlich in Fraulautern. Die Straße Am alten Bahnhof erinnert noch heute daran. Diese Tatsache erklärt auch das ungewöhnliche Gleisbild mit der Lage der Bahnsteige am westlichen Ende des Güterbahnhofs. Gegenüber des alten Empfangsgebäudes, an der Güterbahnhofstraße, etwa am Abzweig Ölwerkweg, befand sich die Güterabfertigung, die deutlich länger existierte als das alte Empfangsgebäude. Auch wenn es sich schon immer um den einzigen Staatsbahnhof in Saarlouis handelte, erhielt er den Zusatz „Hauptbahnhof" zur Unterscheidung gegenüber dem „Kleinbahnhof" in der Stadt. Auch in den vergangenen 30 bzw. sechs Jahren gab es einige Veränderungen in Saarlouis. Vergleicht man die Fotos vom Juli 1993 (181 217 mit Eilzug inklusive „Kaffeeküch"-Wagen nach Saarbrücken) und September 2017 (155 107 mit KT 46394 Köln-Eifeltor–Forbach auf dem Weg nach Saarbrücken Rbf), fällt das neue, verlängerte Bahnsteigdach an Gleis 2/3 auf, ebenso wie die 1999 sanierten Bahnsteige. Auf dem Foto vom Oktober 2023 (429 122 als RE Koblenz–Mann-

heim) fallen dann auch die 2020 errichtete Lärmschutzwand sowie die neuen Ks-Signale auf. Diese Signale wurden im August 2019 mit der zweiten Baustufe des ESTW Dillingen in Betrieb genommen, die die von Völklingen ferngestellten Relaisstellwerke in Bous und Ensdorf sowie das bis dahin örtlich besetzte SpDrL30 Stellwerk in Saarlouis ersetzte.

Bw Dillingen

Die Geschichte der Bahn begann in Dillingen im Jahr 1858 mit der zunächst eingleisigen Bahnstrecke Saarbrücken–Merzig (Trier). Ab 1880 war diese dann zweigleisig befahrbar. Zum Abzweigbahnhof wurde Dillingen 1901 mit der Eröffnung der Niedtalbahn Bouzonville–Niedaltdorf–Dillingen und zwei Monate später mit der Eröffnung der Primstalbahn Dillingen–Primsweiler(–Nonnweiler) zum Eisenbahnknoten. Mit dem Bau dieser beiden Strecken wurde auch der Bahnhof erweitert sowie ein dreiständiger Lokschuppen errichtet. 1934 wurde der Lokschuppen um weitere fünf Stände (rechter Teil) erweitert, sodass er für 24 Jahre über acht Schuppengleise verfügte. Der linke Stand im alten Schuppen wurde 1958 im Rahmen eines Umbaus des Lokschuppens zu Werkstatt- und Sozialräumen. Diesen Bauzustand dokumen-

tiert auch unser Foto vom Mai 1970. Einige der abgebildeten Loks der Baureihen 50 waren hier bis 1973 beheimatet. Der Lokschuppen wurde anschließend noch weiter von den Dampfloks des Bw Saarbrücken und zum Abstellen von Dieselloks genutzt, ehe er gesperrt wurde. Die Drehscheibe mit den Freiständen und die Gleise vor dem Schuppen wurden bis 1988 genutzt, anschließend nur noch das Tankstellengleis neben dem Schuppen. In den folgenden Jahren verfiel der Lokschuppen immer mehr, ehe er 2000 durch die Stadt Dillingen aufgekauft wurde. Seit 2001 steht auch der Dillinger Lokschuppen auf der Denkmalliste. Er wurde von 2004 bis 2008 umfangreich saniert und dient seitdem als Veranstaltungshalle. Am 26. Mai 2022 sind 189 034 und 038 mit einem Erzzug von Rotterdam kurz vor ihrem Ziel, der Dillinger Hütte.

Dillingen Saarbrücke

Ab dem 10. Mai 1971 wurde mit Dampfloks der Baureihe 50 und speziellen „Torpedopfannenwagen“ flüssiges Eisen von der Dillinger Hütte zur Weiterverarbeitung nach Thionville gefahren. Am 27. März 1976 zieht 052 230 einen solchen Zug über die Saar. Kurz darauf folgte das Ende der Dampflokzeit im Saarland und diese Transporte wurden bis 1985 mit Loks der Baureihen 290 und 212 fortgeführt.

Die Brücke über die Saar zwischen Dillingen und Siersburg wurde im Zuge des Baus der Niedtalbahn im Jahr 1901 errichtet. Wie alle anderen Brücken in der sogenannten Roten Zone, einem 10 bis 15 Kilometer breiten Grenzstreifen zu Frankreich, wurde auch diese Brücke im Zweiten Weltkrieg zerstört. Erst 1948 wurde die Brücke über die Saar wieder errichtet und die Niedtalbahn war somit wieder von Dillingen bis Niedaltdorf befahrbar. 1974

begann bei Konz der Ausbau der Saar zur Schifffahrtsstraße. Bis zum Saarhafen Dillingen mussten für den Ausbau elf Brücken angepasst oder ersetzt werden, so auch die Brücke der Niedtalbahn, die während einer Streckensperrung zwischen dem 22. Juli und dem 8. August 1987 ersetzt wurde.

Die Triebwagen der Baureihe 628 waren im Niedtal ab 1998 im Einsatz und wurden planmäßig zum Fahrplanwechsel im Dezember 2018 durch Triebwagen der Baureihe 642 ersetzt. Hierfür wurden Ende Februar bzw. Anfang März 2019 642 145 und 642 146 von Frankfurt nach Kaiserslautern umbeheimatet. Aus verschiedenen Gründen werden sie bei Ausfällen auch noch im Jahr 2023 durch 628 statt durch andere Kaiserslauterner 642 ersetzt, wie es auf dem Foto vom 20. März 2021 mit 628 479 der Fall war.

Hemmersdorf

Die am 1. Juli 1901 eröffnete Bahnstrecke von Dillingen durch das Niedtal nach Bouzonville in Frankreich verläuft weitestgehend durch die Gemeinde Rehlingen-Siersburg. Außer dem Knotenbahnhof Dillingen liegen alle weiteren Halte der RB-Linie 77 auf dem Gemeindegebiet von Rehlingen-Siersburg. Der Bahnhof in Siersburg hieß früher Büren-Itzbach und wurde 1977 nach der Demontage der Nebengleise und der Aufgabe des mechanischen Einheitsstellwerkes zum Haltepunkt. Somit ist Hemmersdorf (früher Kerprich-Hemmersdorf) heute noch der einzige Bahnhof zwischen Dillingen und Bouzonville. Auch der Bahnhof von Hemmersdorf hatte früher deutlich umfangreichere Gleisanlagen, wie auf dem Foto vom 10. Dezember 1987 zu erkennen ist. Solch umfangreiche Gleisanlagen in einem

kleinen Ort sind darin begründet, dass hier bis zum 31. Dezember 1970 die Zollabfertigung für Güterzüge stattfand. Wie die meisten Bahnhöfe hatte auch Hemmersdorf einen kleinen Güterschuppen mit Anschlussgleis, auf dem der linke der beiden Kleinwagen mit Verbrennungsantrieb (Klv) 53 steht. Grenzüberschreitenden Güterverkehr gibt es im Niedtal seit 2005 nicht mehr. Die Firma BahnLog möchte zwar seit einiger Zeit den Kalkzug von Dugny zur Dillinger Hütte wieder durch das Niedtal führen, scheitert bislang jedoch an der ablehnenden Haltung der SNCF, da hierfür nämlich das Stellwerk in Bouzonville extra besetzt werden müsste. Als am 20. März 2021 628 479 als RB 12272 nach Niedaltdorf fährt, sind die Gütergleise in Hemmersdorf bereits seit 33 Jahren abgebaut.

Beckingen

Nach Bexbach handelt es sich bei dem Empfangsgebäude in Beckingen um das zweitälteste erhaltene Bahnhofsgebäude im Saarland. Da dieses nicht wie der Bexbacher Bahnhof von der Pfälzischen Ludwigsbahn gebaut wurde, ist das Empfangsgebäude von Beckingen der älteste erhaltene Bau der Preußischen Staatsbahn im Saarland. Errichtet wurde es im Zuge des Baus der Bahnstrecke Saarbrücken–Trier Ende der 1850er-Jahre, um 1890 wurde das Gebäude durch zwei Anbauten am westlichen und östlichen Giebel ergänzt. Als geschichtlich und architektonisch so wichtiges Gebäude steht es völlig zurecht unter Denkmalschutz. Darüber, warum das Gebäude so aufwändig mit Uhrturm und Zinnen errichtet wurde, ist heute nichts mehr bekannt, wenn es auch verschiedene Vermutungen darüber gibt. Im Zweiten Weltkrieg wurde auch dieses Gebäude beschädigt und der

achteckige Uhrturm abgetragen. Als am 10. April des Jahres 1988 181 221 mit dem D 894 nach Trier in Beckingen hält, handelt es sich noch um einen Bahnhof mit Ausweichgleisen sowie einem Anschluss zur Schraubenfabrik und es gab auch ein SpDrL 30 Stellwerk, das rund um die Uhr durch einen Fahrdienstleiter der DB besetzt war. Mit der Umwandlung in einen Haltepunkt Anfang der 2000er-Jahre wurde auch das Stellwerk entbehrlich und 2007 schließlich aufgelassen. Da das Gebäude nun zu verfallen drohte, übernahm es 2009 die Gemeinde Beckingen und ließ es bis 2014 zusammen mit der Außenanlage umfangreich sanieren sowie den Uhrturm wieder errichten. Während 429 102 am 26. Februar 2022 auf dem Weg nach Koblenz durch Beckingen fährt, sind die Bahnsteige bereits 19 Jahre an ihrer heutigen Position.

Mettlach

Zwischen Mettlach und Konz befindet sich der landschaftlich wohl schönste Teil der Saarstrecke. In einigen Bereichen, wie hier zwischen Mettlach und Saarhölzbach als Grenze zu Rheinland-Pfalz, bietet das enge Saartal nur Platz für Bahn, Straße und Fluss. Der Zustand war jedoch nicht immer so wie heute. Wie auf unserem historischen Bild vom 1. Dezember 1984 zu sehen, fanden im Saartal umfangreiche Bauarbeiten statt. An diesem Tag wurden die Museumsloks 45 010, 78 478 und 110 002 des DB-Museums durch 221 106 nach Nürnberg überführt. Grund für die Bauarbeiten war der Ausbau der Saar zwischen Saarbrücken und der Mündung in die Mosel bei Konz zur Schifffahrtsstraße. Neben dem Neubau einiger Brücken sowie dem Saarhafen Saarlouis/Dillingen entstanden zwischen 1974 und 1999 sechs Staustu-

fen und das Flussbett wurde erweitert. Im rheinland-pfälzischen Teil der Saarstrecke wurde diese zwischen Taben und Serrig sogar auf einer Länge von etwa 6 Kilometern angehoben. Die erhofften Transportmengen auf der Saar wurden nach dem Ausbau zwar nicht erreicht, trotzdem werden durch die Dillinger Hütte sowie Saarstahl erhebliche Mengen über die Saar transportiert. Insbesondere für die Versorgung mit Rohstoffen ergänzen sich die Schifffahrt über Rhein, Mosel und Saar sowie die Eisenbahn, da sie auch gegenseitig die Rückfallebene bei Ausfall eines Transportweges (Streckensperrung bei der Bahn bzw. Hochwasser bei der Schifffahrt) darstellen. Als 152 155 am 9. Februar 2022 mit einem Stahlzug unterwegs nach Kehl ist, könnte man meinen, die Landschaft sei schon seit Jahrzehnten so.

Nennig

Auch die Gemeinde Perl hat durch die Obermoselstrecke (Koblenz–)Trier–Apach (F) (–Thionville) und die drei Stationen Perl, Besch und Nennig einen Bahnanschluss. Eröffnet wurde die Strecke 1878 als Teil der „Kanonenbahn“ Berlin–Metz, die Bahnhöfe in Perl und Nennig sowie der Haltepunkt in Besch entstanden aber erst deutlich später. Der saarländische Abschnitt dieser Strecke beträgt jedoch gerade mal 9,3 Kilometer und wer mit der Bahn von Perl ins übrige Saarland möchte, muss zuerst Richtung Trier fahren und den Umweg über Rheinland-Pfalz nehmen. Der Umweg über Frankreich mit Umstieg in Metz ist seit 2008 nur zweimal täglich am Wochenende und an Feiertagen möglich. Vor 2008 gab es 14 Jahre lang überhaupt keinen grenzüberschreitenden Personenverkehr. Eine direkte Bahnverbindung zum

sonstigen saarländischen Bahnnetz hat es ebenfalls nie gegeben, weshalb die Strecke auch zur Saargebietszeit von der SNCF und nicht der SEB betrieben wurde. Bis 1992 existierten im Ortsteil Besch die Chemischen Werke Saar-Lothringen (CSL). Deren Produkte, hauptsächlich Leim und Harnstoff für die Möbelindustrie, wurden bis zuletzt auch über einen eigenen Gleisanschluss per Bahn abtransportiert. Am 22. April 1992 fährt 365 825 mit einer der letzten Übergaben aus dem Gleisanschluss CSL durch Nennig nach Ehrang. Knapp 30 Jahre später, im März 2022, ist 442 005 RB 12175 von Perl unterwegs nach Trier. Nennig ist immer noch ein Bahnhof mit drei Gleisen, die übrigen Gleisanlagen sowie der etwa zwei Kilometer südlich gelegene Anschluss der CSL sind jedoch Geschichte.

Merzig Ost

Die Strecke Merzig Süd–Büschfeld, zu der auch der Bahnhof Merzig Ost gehörte, war neben der Saarlouiser Kleinbahn die einzige im heutigen Saarland erbaute Bahn, die auf das Preußische Kleinbahngesetz von 1892 zurückging. Heute ist die Strecke Merzig–Dellborner Mühle im Eigentum der Gemeinde Losheim, die sie als Eisenbahninfrastrukturunternehmen (EIU) betreibt. Während der Abschnitt hinter dem Bahnhof Merzig Ost bis Dellborner Mühle nie der DB gehörte und somit schon immer zu den Nichtbundeseigenen Eisenbahnen (NE-Bahnen) zählte, verhält sich dies beim Abschnitt Merzig Süd–Merzig Ost anders. Nach Einstellung des Güterverkehres durch die Merzig-Büschfelder Eisenbahn (MBE) zum Jahresende 1987 wurde die Firma Villeroy & Boch in Merzig Ost durch die DB weiter bedient. Die Strecke Merzig Süd–Merzig Ost wurde von der DB übernommen und

als Bahnhofsgleis betrieben. 2002 endete die Bedienung der Fa. V&B in Merzig Ost und die Strecke diente nur noch gelegentlichen Fahrten von und zur Strecke des Museums-Eisenbahn-Clubs Losheim (MECL), weshalb die Infrastruktur 2017 von der DB zur Übernahme an andere EIU angeboten wurde. Die Gemeinde Losheim hat dieses Stück erworben, um den Anschluss der eigenen Strecke an das Netz der DB zu sichern. Am 7. Juli 1986 wurde V&B in Merzig Ost noch durch die MBE-Lok 51 bedient. Im Februar 2022 fährt hier schon lange kein Zug mehr, da die Strecke Merzig–Großer Wald zwischen Bachem und Losheim seit 2017 wegen Sanierungsbedarf gesperrt ist. Es ist jedoch zu hoffen, dass hier in absehbarer Zeit wieder Museumszüge des MECL oder gar Regionalzüge verkehren. Hoffnung auf Letzteres macht der Verkehrsentwicklungsplan.

Losheim

Die Strecke Merzig–Losheim–Büschfeld wurde im Jahr 1902/03 im Auftrag der 1901 gegründeten Kleinbahn Merzig-Büschfeld GmbH errichtet und von der 1943 in Merzig-Büschfelder Eisenbahn umbenannten Gesellschaft im Abschnitt Nunkirchen–Merzig bis 1987 im Güterverkehr betrieben. Der Personenverkehr auf der Schiene wurde bereits 1959 zwischen Losheim und Büschfeld und 1962 gänzlich eingestellt, der Abschnitt Nunkirchen–Büschfeld 1960 stillgelegt. Bereits 1982 fanden zwischen Merzig Ost und Nunkirchen Sonderfahrten des MECL mit einer Dampflok der CFL und von der DB gemieteten Wagen statt. Ab 1983 stand dem Verein die Saarberg-Dampflok 34 „Losheim" zunächst leihweise zur Verfügung. Ein besonderes Jahr war 1987. Neben der Übernahme der Lok 34 und nun auch der Lok 26 wurden die Dampfloks sowie alle noch vorhandenen MBE-Fahrzeuge und die Strecke unter Denkmal-

schutz gestellt. Zum Jahresende kam es mit der Einstellung des Betriebes der MBE auch zum vorläufigen Aus für den Museumsverkehr. Nach Klärung verschiedener Punkte konnten jedoch bereits ab August 1988 wieder Museumszüge verkehren. Seit 1995 ist die Strecke zwischen Dellborner Mühle und Nunkirchen stillgelegt, da ein Industriebetrieb den Bereich über die Strecke zur Erweiterung brauchte. Immerhin wurde die Strecke ins Werksgelände als Gleisanschluss erhalten, aber leider nur zwischen 1997 und 2002 sowie 2007 kurzzeitig genutzt. Im Juni 2022 feierte der MECL sein 40. Jubiläum mit den betriebsfähigen Loks 34 „Losheim" und der MBE-Lok 51 von 1959, während ihre Schwesterlok 52 in Losheim abgestellt ist. Kurz darauf folgte die hoffentlich nur vorübergehende Einstellung des Museumsverkehrs, da auch die Strecke Großer Wald–Dellborner Mühle wegen Sanierungsbedarfs gesperrt werden musste.

Büschfeld

In Büschfeld traf die Strecke der Merzig-Büschfelder Eisenbahn (MBE) auf die am 10. Dezember 1897 eröffnete Staatsbahnstrecke Nonnweiler–Lebach. Auf deren Teilabschnitt Wadern–Nonnweiler endete der Personenverkehr bereits 1959, obwohl gerade erst die Zollgrenze zwischen dem Saarland und Deutschland und somit auch zwischen Nonnweiler und Hermeskeil entfallen war. 1968 verkehrte der letzte Güterzug zwischen Mariahütte und Wadern, womit der nördliche Teil der heutigen Gemeinde Wadern ohne Bahnanschluss war. In den 1970er-Jahren wurde diese Strecke teilweise durch die A1 überbaut. Südlich von Wadern und somit auch in Büschfeld hielt sich die Eisenbahn etwas länger. Nachdem der Güterverkehr auf der MBE-Strecke zwischen Büschfeld und Nunkirchen 1960 eingestellt worden war, war Büschfeld nur noch Durchgangsbahnhof. Der Kleidung der beiden Damen

auf dem Bahnsteig nach zu urteilen, herrschten am 16. August 1974 sommerliche Temperaturen, als 23 064, trotz reichlich Güteraufkommen, nur einen Wagen Richtung Primsweiler zu bringen hatte.

1980 endete der Personenverkehr zwischen Wadern und Dillingen bzw. Lebach und im Mai 1992 der Güterverkehr zwischen Wadern und Limbach. Ein Jahr später wurde das Stück von Wadern bis Büschfeld abgebaut. Bis gut 200 Meter hinter dem Standpunkt des Fotografen liegen noch die Gleise von Limbach kommend, die auf dem ca. 2,5 Kilometer langen stillgelegten Abschnitt jedoch komplett verwildert sind. Im März 2022 hat sich das Umfeld des noch als Gaststätte erhaltenen Empfangsgebäudes Büschfeld verändert, das Saargummi-Werk dient aber noch als Orientierungspunkt.

Primsweiler

Die am 1. September 1901 eröffnete Strecke (Nonnweiler–)Primsweiler–Dillingen ermöglichte den zahlreichen Hüttenarbeitern und Bergleuten aus dem Hochwald ein tägliches Pendeln. Wie auf dem Bild vom 1. März 1975 zu sehen ist, waren die Gleisanlagen in Primsweiler einst sehr umfangreich. Das hohe Pendleraufkommen lässt sich auch durch die Zugbildung des Nahverkehrszuges N 5674 nach Wadern mit vier Umbauvierachsern und einem Dreiachser-Pärchen erahnen. Seit 2005 ist die Strecke zwischen dem Abzweig Dillingen Ford/ZKS und Limbach durch die Fa. Meiser gepachtet und durch die RST als EIU betrieben. Als weiterer Güterkunde wurde bis 2002 noch der Steinbruch in Michelbach bedient. Die Züge nach Limbach und kurzzeitig auch bis Michelbach wurden

von 2002 bis 2012 im Auftrag von DB Cargo, durch Cargo Rail, dem EVU der Dillinger Hütte, gefahren. Neben anderen EVU wie z.B. NEG um 2003/04 und BahnLog mit 294 von DB Cargo, 2018 und immer mal wieder als Sonderleistung mit verschiedenen Loks z.B. G1203 wird die Firma Meiser inzwischen üblicherweise von Montag bis Freitag durch DB Cargo bedient. Im März 2022 kam es über mehrere Wochen zu Sonderleistungen durch BahnLog mit Europorte DE18 oder 363 167 der DB Cargo. Am 24. März 2022 ist DGS 95016 unterwegs nach Limbach. Das ehemalige Empfangsgebäude, auf dem Bild von 1975 hinter dem zweiten Wagen, ist auch heute noch vorhanden und in der Bildmitte des aktuellen Fotos hinter dem Baum zu erkennen.

Nalbach / Saarwellingen

Der Bahnhof Nalbach lag komplett in der Gemeinde Nalbach, trug aber aufgrund der Lage zwischen den Zentren von Nalbach und Saarwellingen zeitweise den Doppelnamen Saarwellingen-Nalbach. Neben dem Gleisanschluss Dynamit AG und Gemeinde Saarwellingen, wozu der Anschluss einer Papierfabrik und der Saarbergwerke gehörte, gab es im Bahnhof noch Ende der 1980er-Jahre eine Laderampe, die u.a. von einem Autohändler zur Anlieferung von Pkw genutzt wurde. Weitere Gleise wie auch Gleis 2, das sich zwischen dem jetzigen Streckengleis (Gleis 1) und dem Empfangsgebäude befand, wurden bereits vorher zurückgebaut. Das ehemalige Empfangsgebäude wird heute als Wohnhaus genutzt. Dieselbe Ansicht wie auf dem historischen Foto ist zwar nicht mehr möglich, aber auch von der Brücke ist das gelbe ehemalige Empfangsgebäude im Dezember 2021 hinter 294 775 als

letzte Erinnerung an den Bahnhof Nalbach zu sehen. Die genannten Anschlüsse sind zwar längst Geschichte, jedoch verläuft die Primstalbahn rund 1,3 Kilometer im Gemeindegebiet von Saarwellingen, wo in den 1990er-Jahren ein neuer Gleisanschluss am Umspannwerk RWE entstand.

Nach einer Erstbewertung zur Reaktivierung des Personenverkehrs im Rahmen des Verkehrsentwicklungsplans hat die Strecke bis Wadern ein positives Kosten-Nutzen Verhältnis. Da der Streckenabschnitt Saarlouis–Schmelz im Gegensatz zum Abschnitt Limbach–Wadern noch vorhanden ist und befahren wird, hat dieser mit seiner als sehr hoch prognostizierten Rentabilität gute Chancen, reaktiviert zu werden. Auch der Wiederaufbau der Strecke Primsweiler–Lebach-Jabach wird geprüft.

Stellwerkstechnik im Saarland

Veränderungen in der Stellwerkstechnik werden von vielen nur in Form von anderen Signalen (Form- oder Lichtsignale) in den Bahnhöfen und an den Strecken wahrgenommen. Die sicherheitsrelevante Technik dahinter findet oft nur wenig Beachtung. Dabei gab und gibt es viele Unterschiede und auch im Saarland manche Besonderheit. Nach dem Zweiten Weltkrieg waren im Saarland 75 % aller Stellwerksanlagen (Stellwerke und Außenanlagen mit Signalen und Weichen) zerstört oder stark beschädigt. Um den Bahnverkehr rasch wieder aufnehmen zu können, wurden sie, auch aufgrund fehlender Teile, nur provisorisch repariert und sollten auf längere Sicht erneuert werden. Zu einer Beschleunigung der Stellwerkserneuerung trug auch die Elektrifizierung der Bahnstrecken im Saarland ab den 1950er-Jahren bei. Da bei einer Elektrifizierung auch Anpassungen an der Stellwerkstechnik erforderlich sind (z.B. verkürzte Flügel der Formsignale, geänderte Signalstandorte) entschied man sich, auch aus Kostengründen, die Stellwerke der betroffenen Strecken im Vorfeld der Elektrifizierung zu erneuern. So kam es, dass es im Saarland keine Formsignale auf elektrifizierten Strecken gab.

Das erste „neue“ Stellwerk im Saarland nach dem Zweiten Weltkrieg wurde am 6. Mai 1956 in Dillingen in Betrieb genommen. Dieses Stellwerk der Firma Lorenz war das erste Spurplanstellwerk im heutigen Deutschland und entspricht weitestgehend den Stellwerken des Typs SpDrL 20 (Spurplan Drucktastenstellwerk der Fa. Lorenz), wie sie für die DB gebaut wurden. Da das Saarland zu diesem Zeitpunkt nicht zur Bundesrepublik gehörte, wurde jedoch der für den Export bestimmte Typ „TRICON“ verbaut, der kleinere Abweichungen gegenüber den SpDrL 20-Stellwerken aufweist. So wurden die Tischfelder z.B. mit den Maßen 34 x 37 mm statt den bei Lorenz üblichen 35 x 35 mm ausgeführt. Ein weiteres Stellwerk dieses Typs wurde in Rohrbach (Saar) verbaut, u.a. Homburg (Saar) Hbf und Saarbrücken Hbf erhielten „richtige“ SpDrL 20-Stellwerke. Die weiterentwickelten SpDrL 30-Stellwerke finden sich u.a. in Mettlach, Völklingen und Brebach. Auch von den SpDrL 60-Stellwerken, den Nachfolgern der SpDrL30, befand sich das erste seiner Art im Saarland. Es wurde 1966 in Ensdorf (Saar) in Betrieb genommen und wich auch optisch, durch seinen Stelltisch mit eichenfurniertem Holzgestell, von den späteren SpDrL 60-Stellwerken ab. Während das Stellwerk Dillingen, seit den 1970er-Jahren mit neuem Stelltisch aufgrund des Abzweigs Dillingen Süd, noch heute in Betrieb ist, wurde das Stellwerk Ensdorf bereits 2019 durch ein neues Elektronisches Stellwerk (ESTW) ersetzt.

Die Tatsache, dass in den 1960er-Jahren bereits alle Hauptstrecken im Saarland mit Ausnahme der Strecken Wemmetsweiler–Primsweiler und Dillingen–Niedaltdorf mit modernen Drucktastenstellwerken ausgerüstet waren, schuf die Voraussetzung für weitere Rationalisierungen. So kam es, dass in Saarbrücken die Betriebssteuerzentrale (BSZ) entstand, wo erstmalig Prozessrechner in der Signaltechnik der DB zum Einsatz kamen. Ziel dieser war es, den Fahrdienstleiter von ständig wiederkehrenden Tätigkeiten und Dispositionsaufgaben zu entlasten. Die BSZ umfasste die Strecke vom Abzweig Halberg bis Homburg inklusive dem Bf Würzbach sowie die „Südstrecke“ Brebach–Hanweiler. Das Stellwerk Bierbach, das die Bahnhöfe Bierbach, Einöd und Schwarzenacker bediente, gehörte zwar zur BSZ, blieb aber wegen der Bahnübergänge meist im Ortsbetrieb.

Da es sich um die erste Anlage dieser Art handelte, waren umfangreiche Tests erforderlich, die im Dezember 1972 in Saarbrücken beginnen konnten. Im Januar 1973 wurden zum ersten Mal Fahrstraßen der Stellwerke Halberg, Scheidt, St. Ingbert, Rohrbach, Kirkel und Limbach durch die BSZ ferngesteuert eingestellt. Die Einschaltdauer wurde von anfänglichen 2 bis 3 Stunden kontinuierlich erhöht.

Die BSZ verrichtete ihren Dienst lediglich rund 20 Jahre bis Oktober 1998. Die Stellwerke Scheidt, Kirkel und Limbach wurden aufgelassen und die Weichen zurückgebaut, die Stellwerke in Homburg, St. Ingbert und Rohrbach mit Würzbach durch ein ESTW ersetzt und die restlichen Stellwerke im Ortsbetrieb weiter bedient. Außer für das Stellwerk Halberg, das 2003 aufgelassen wurde, ist dies auch heute noch der Fall.

Die Bedienplätze der BSZ-Fahrdienstleiter mit der großen Panoramatafel entstanden erst Mitte der 1970er-Jahre, da sie sich anfangs noch im Rechnerraum befanden, um einen besseren Blick auf das Betriebsgeschehen zu haben, die Tests zu vereinfachen sowie Erkenntnisse für einen idealen Aufbau zu sammeln.

Püttlingen

Püttlingen hatte durch die Strecke zur Grube Viktoria bereits ab 1. Juli 1872 eine Bahnverbindung nach Völklingen erhalten. Diese führte jedoch südöstlich an der Bebauung vorbei und war, abgesehen von einem eingeschränkten Personenverkehr, dem Güterverkehr vorbehalten. So erhielt auch Püttlingen erst mit der Eröffnung der Köllertalbahn am 1. Oktober 1911 einen Bahnhof. Die neue Strecke mündete erst in Heidstock (Höhe Stadion/Tennisplätze) in die alte Strecke. Von hier führte sie bis 1914 in südwestlicher Richtung (heute Schwarzer Weg) direkt zum Völklinger Bahnhof. Die Trasse der Strecke zur Grube Viktoria ist heute im nördlichen Abschnitt durch die L269 überbaut, südlich davon jedoch als Waldweg erhalten. Als im Mai 1973 23 080 ihren Personenzug nach Lebach beschleunigt, dachte wohl

noch niemand, dass hier bald keine Züge mehr fahren würden. Nach dem letzten Personenzug im Köllertal am 27. September 1985 gab es 1986 noch eine Abschiedsfahrt zum 75. Jubiläum der Strecke mit den hier nie planmäßig eingesetzten Akkutriebwagen der Baureihe 515. Nach dieser Sonderfahrt wurde auch die Strecke zwischen Etzenhofen und Völklingen stillgelegt und die Gleise wurden rasch entfernt. Die Güterwagen auf dem Reststück des ehemaligen Gleises 2 (durch die Hecke verdeckt) wurden jedoch noch vor dem Abbau der Strecke hierhergebracht. Das Bahnhofsgebäude steht seit 1989 unter Denkmalschutz und wird seit der Sanierung 1993 für kulturelle Zwecke genutzt. Die ehemalige Lok 16 der Völklinger Hütte wurde 2011 als Denkmal auf dem ehemaligen Bahnsteig aufgestellt.

Walpershofen

Durch den Bahnhof Walpershofen hatte auch die Gemeinde Riegelsberg Anschluss an das Staatsbahnnetz erhalten. Nördlich des Bahnhofs Walpershofen zweigte nach Nordwesten die Strecke zur Grube Dilsburg ab. Die Grube wurde zwar bereits 1931 stillgelegt, die Strecke aber noch ein paar Jahre weiterbetrieben. Der Bf Walpershofen wurde nach der Stilllegung der Grube zum Haltepunkt zurückgebaut. Inzwischen ist auch diese Strecke längst Geschichte, die Trassenführung jedoch noch gut durch eine Baumreihe zu erkennen. Auch nach dem Ende des Personenverkehrs gab es durch Walpershofen noch Güterverkehr von Lebach aus zu einem Gashändler in Etzenhofen. 1993 wurde dann auch der Güterverkehr eingestellt und die Gleise wurden abgebaut. Am 29. August 1985 hielt 212 343 mit einem der letzten Personenzüge nach

Lebach am Haltepunkt Walpershofen. Als Saarbahn 1027 am 3. Oktober 2021 als S1 nach Brebach in Walpershofen hält, ist die nun zweigleisige Station seit zehn Jahren wieder in Betrieb. Die Haltestelle Walpershofen-Etzenhofen wurde bereits zwei Jahre früher, am 26. September 2009, als vorläufiger Endpunkt in Betrieb genommen. Hinter dieser Haltestelle schwenkt die Saarbahn auf die Trasse der ehemalige Köllertalbahn und wechselt die Betriebsweise von Straßenbahn zu Eisenbahn. Die Strecke Walpershofen–Lebach wurde wieder als Bahnstrecke nach Eisenbahn-Bau- und Betriebsordnung (EBO) reaktiviert, während die Saarbahn ab Römerkastel bis hier als Straßenbahn nach Betriebsordnung Straßenbahn (BO Strab) durch die Saarbrücker Innenstadt und Riegelsberg verkehrt.

Heusweiler

Vor dem Bau der Bahnlinie standen in den 1890er-Jahren zwei Varianten einer Streckenführung zur Diskussion. Südlich von Heusweiler plante man, neben der verwirklichten Streckenführung durch das Köllertal nach Völklingen, eine direkte Verbindung über Riegelsberg nach Saarbrücken. Die Verbindung über Riegelsberg nach Saarbrücken bestand ab 1907 durch die meterspurige Riegelsberger Straßenbahn, weshalb für die Bahnstrecke südlich von Heusweiler die ohnehin topografisch einfachere Streckenführung über Püttlingen nach Völklingen gewählt wurde. Die Straßenbahn wurde 1937 mit der Saarbrücker Straßenbahn Gesellschaft zusammengeschlossen und 1953 auf O-Busse umgestellt, ehe ab 1964 nur noch Dieselbusse verkehrten. Die Bahnstrecke, die besonders den Pendlern nach Völklingen und Neunkirchen diente, hatte somit ein

längeres Leben. Bei der Sonderfahrt am 16. August 1987 mit 212 376 und 347 glaubte wohl kaum jemand, dass in Heusweiler keine 25 Jahre später, ab dem 31. Oktober 2011, wieder planmäßig Züge halten würden. Die Weiterführung bis Lebach wurde drei Jahre später, am 4. Oktober 2014, eröffnet. Direkt am Bahnhof halten jedoch keine Züge mehr, da dieser heute zwischen den Haltepunkten Heusweiler Markt und Schulzentrum liegt. Auch die Gleise sind etwas weiter nach Nordwesten verschoben. Das Gebäude ist noch erhalten und wird als Apotheke genutzt, der früher angebaute Güterschuppen wurde abgerissen. Am stürmischen 3. Oktober 2021 ist die katholische Kirche Mariä Heimsuchung hinter Saarbahntriebwagen 1028 als S1 nach Lebach noch zu erkennen, während die evangelische Kirche von den Bäumen verdeckt wird.

Spitzeichtunnel

Mit dem Spitzeichtunnel befindet sich neben dem Heidstocktunnel ein weiterer Eisenbahntunnel auf der Köllertalbahn. Im Saarland existieren aktuell 13 Eisenbahntunnel, von denen noch sieben befahren werden. Die Zahl der gleichzeitig genutzten Bahntunnel lag zu Beginn des Zweiten Weltkriegs mit 16 am höchsten. Weitere drei Tunnel wurden davor bereits aufgegeben oder aufgeschlitzt. Am Bau des Spitzeichtunnels zwischen Landsweiler und Lebach sollen bis zu 200 Arbeiter beteiligt gewesen sein. Im Zuge der Elektrifizierung der Strecke für die Saarbahn musste der Tunnel ausgiebig saniert werden. Dabei erhielt er eine neue Innenschale und die Tunnelsohle wurde abgesenkt, um Höhe für die Oberleitung zu gewinnen. Der Tunnelquerschnitt wurde dadurch von 25 m^2 auf 31 m^2 erhöht, weshalb auch

neue Tunnelportale erforderlich waren. Auch wenn der Abschnitt Lebach–Walpershofen elektrifiziert ist, können hier keine elektrischen Fahrzeuge aus dem Netz der DB verkehren, da die Oberleitungsspannung 750 Volt Gleichstrom beträgt. Im Abschnitt Lebach–Lebach-Jabach ist die Oberleitung technisch so ausgeführt, dass später eine Umstellung auf das in Deutschland normalerweise verwendete Bahnstromsystem möglich ist. Die Veränderungen im Laufe von 36 Jahren sind beim Vergleich der beiden Fotos des Sonderzugs mit 798 706, zwei 998 und 798 648 nach Lebach am 5. Oktober 1986 und der Saarbahn 1015 als S1 86458 von Brebach nach Lebach im Juni 2022 deutlich zu erkennen.

Lebach

Lebach war viele Jahre ein betrieblich wichtiger Abzweigbahnhof im Saarland mit Behandlungsanlagen für Dampfloks, die am linken Bildrand zu sehen sind. Nachdem das Gelände lange Zeit brach lag, befindet sich dort inzwischen die Abstellanlage der Saarbahn. Insbesondere zu den Schichtzeiten herrschte in Lebach viele Jahre reger Betrieb. So gab es z.B. noch bis Mai 1976 den E 3382 als letzten dampfbespannten Zug im Saarland mit acht Wagen. Der Zug wurde in Wemmetsweiler getrennt, wobei der erste Teil mit der 50er weiter nach Neunkirchen fuhr und der zweite Teil als E 3382 mit 110 oder 181 nach Saarbrücken. Doch auch hier machten sich die Kohlekrise, der Strukturwandel und die andauernde Individualisierung des Verkehrs bemerkbar. Am 30. Mai 1980 verkehrte der letzte Personenzug zwischen Lebach

und Wadern, fünf Jahre später, am 27. September 1985 auch der letzte Personenzug nach Völklingen. Die mechanischen Stellwerke aus der Bauzeit von 1897 wurden 1990 unter Denkmalschutz gestellt. Das Wärterstellwerk (Lw), ebenfalls links auf dem Bild vom September 1972, als 23 094 den Bahnhof Richtung Primsweiler verlässt, wurde bereits Ende der 1980er-Jahre lange vor dem Fahrdienstleiterstellwerk Lf außer Betrieb genommen und verfiel. 2017 wurde der Denkmalschutz aufgehoben und das Gebäude abgerissen. Stellwerk Lf hingegen war bis 2009 in Betrieb und ist auch heute noch erhalten. Die Fußgängerbrücke (Standort des Fotografen für das historische Foto) wurde erst 2001 abgerissen und durch den Fußgängerüberweg, von dem aus das Gegenstück im März 2022 aufgenommen wurde, ersetzt.

Dirmingen

Im zur Gemeinde Eppelborn gehörenden Ortsteil Dirmingen verkehren seit der Eröffnung der Bahnstrecke Wemmetsweiler–Lebach am 15. Mai 1897 Züge. Die Firmen Höll Fleischwaren, die Brauerei Schäfer und die örtliche Backsteinfabrik sorgten hier für reichlich Frachtaufkommen. Im Jahr 1975 fanden, wie auf unserem Bild vom 10. Februar, in Dirmingen noch regelmäßig Zugkreuzungen statt. Während rechts eine 23 gerade den N 4653 nach Primsweiler beschleunigt, verlässt eine weitere 23 mit N 4654 Lebach–Saarbrücken den Bahnhof. Fast auf den Tag genau 47 Jahre später hat sich einiges verändert. Dirmingen wurde Anfang der 1980er-Jahre zunächst vom Bahnhof zur Haltestelle und später zum Haltepunkt ohne Nebengleise degradiert. Der Bahnsteig wurde zwar modernisiert, ist jedoch in seiner alten Lage erhalten geblieben. Auch das ehemalige Empfangsgebäude existiert noch. Rechts unterhalb der Kirche ist das neu gedeckte Dach mit zwei Dachfenstern hinter dem Gebäude des Baustoffhändlers zu erkennen.

Als Übergangslösung bis zum ursprünglich für 2022 geplanten Abschluss der Elektrifizierung im Illtal wurden vom neuen Betreiber Vlexx ab 2019 gebrauchte Triebwagen der Baureihe

642 (Desiro) der Trilex (beide Tochtergesellschaften der Länderbahn GmbH) aus Sachsen eingesetzt. Im Dezember 2021 kamen fünf 642 der Städtebahn Sachsen ins Saarland, um die Trilex 642 abzulösen. Obwohl nun mehr Fahrzeuge vorhanden sind, kommt es immer wieder zu Einsätzen von Triebwagen der sonst auf der RE 3 Saarbrücken–Frankfurt eingesetzten Baureihen 620 und 622 (LINT). So ist auch am 9. Februar 2022 620 408 als RB 76619 nach Lebach-Jabach unterwegs. Inzwischen wurden die Pläne zur Elektrifizierung zwischen Illingen und Lebach komplett auf Eis gelegt. Im August 2023 startete die Umrüstung einer kleinen Serie der auch für diese Leistung bereits beschafften 8442 der Vlexx zu Akku-Hybrid-Zügen (BEMU/Battery Electric Multiple Units). Nach der Elektrifizierung der „Wemmetsweiler Kurve" können diese Züge dann zukünftig unter Fahrdraht von Saarbrücken bis Illingen verkehren und die Akkus laden, um den Abschnitt Illingen–Lebach-Jabach und zurück mit der gespeicherten Energie zu bestreiten.

Wustweiler

Auch in Wustweiler gab es früher einen Bahnhof mit Ausweichgleis. Im Frühjahr 1974, als 23 071 ihren Nahverkehrszug Richtung Wemmetsweiler zog, war das zweite Gleis schon Geschichte und Wustweiler zum Haltepunkt umgewandelt. Der Bahnsteig verblieb jedoch an seiner ursprünglichen Position. Um das Jahr 2000 wurde wenige Meter weiter Richtung Wemmetsweiler und auf der anderen Gleisseite ein neuer Bahnsteig errichtet und der alte anschließend abgetragen. Auf dem Foto vom 5. Dezember 2019 mit 628 465 als RB nach Saarbrücken befindet sich der Zug in etwa an der gleichen Stelle wie die 23er auf dem Foto links. An der wegen Baufälligkeit gesperrten Brücke ist rechts vom Zug (642 333 nach Lebach-Jabach im Juni 2022) noch der Platz des früheren zweiten Gleises zu erkennen. Oben rechts ist das Dach des heute als Wohnhaus genutzten ehemaligen Empfangsgebäudes zu sehen.

Merchweiler

Nachdem die Grube Göttelborn 1887 angehauen worden war, setzte man auch hier auf den Abtransport der Kohle per Bahn. Die Stichstrecke zur Grube wurde am 1. Oktober 1891 eröffnet und zweigt in Merchweiler von der Fischbachtalbahn Neunkirchen–Wemmetsweiler–Saarbrücken ab. Rund um den Bahnhof Merchweiler siedelten sich weitere Betriebe an, die eigene Gleisanschlüsse erhielten. Als eine 23 am 16. August 1974 den N4665 nach Wadern durch Merchweiler zieht, sind noch die Gleise zum Güterbahnhof und zu einem Privatanschluss vorhanden. Bereits lange verschwunden ist der kaum bekannte Anschluss der ehemaligen Glashütte. Dieser befand sich auf der Trasse hinter der 23. Um die große Höhendifferenz zu überwinden, stieg der Anschluss erst Richtung Quierschied an, ehe er über eine Spitzkehre

wieder zurück zur Glashütte führte. Links oberhalb der 23 sind die Bauarbeiten auf dem ehemaligen Gelände der Glashütte erkennbar. Heute befindet sich dort ein Wohngebiet mit der Straße Alte Glashütte. Seit der Stilllegung der Grube Göttelborn im Jahr 2000 wird die Strecke zur Grube auch heute noch gelegentlich für den Transport von Kohle genutzt, allerdings in der anderen Richtung zur Versorgung des Kraftwerks Weiher, das (wie auch das Kraftwerk Bexbach) im Winter 2022/2023 Gaskraftwerke ersetzte und als systemrelevante Netzreserve betriebsbereit gehalten wird, um an Tagen mit zu wenig Solar- und Windenergie Strom zu erzeugen. 642 329 passiert am 22. März 2022 den Bahnhof Merchweiler auf dem Weg nach Lebach-Jabach.

Quierschied

Der nächste Halt nach Merchweiler auf der Fischbachbahn in Richtung Saarbrücken ist der Haltepunkt Quierschied. Auch wenn man sich hier noch vor wenigen Jahren in die Vergangenheit versetzt fühlte, gab es mehrere Veränderungen. Auch Quierschied war noch in den 1980er-Jahren ein Bahnhof, wie auf dem Foto mit 181 207 und einem Güterzug Richtung Neunkirchen zu sehen ist. Die wohl deutlichste Veränderung ist das neue Dach, das die alte Bahnsteigüberdachung und Einhausung der Treppe ersetzte. Unter dem ursprünglich etwa 100 Meter langen Bahnsteigdach befand sich im nördlichen Teil auch das Bahnhofsgebäude von Quierschied, das mit seinem Walmdach und einem Turm mit Bundesbahnlogo durch

das Bahnsteigdach ragte. Die nördliche Fassade war etwa auf gleicher Höhe wie die nördliche Fassade des Güterschuppen, der heute durch einen Containerdienst genutzt wird. Als 8442 154 im Juni 2023 als RB von Saarbrücken nach Homburg den Haltepunkt Quierschied durchfährt, ist auch die nächste große Veränderung zu sehen. Die Erneuerung der etwa 90 Jahre alten Eisenbahnüberführung über die L262 erforderte zeitweise einen temporären Bahnsteigzugang mittels Brücke und Gerüsttürmen. Die Bauarbeiten sollen noch 2023 abgeschlossen werden. Im Rahmen des Bahnhofsentwicklungsplans III soll der Haltepunkt bis 2029 auch einen Aufzug und somit einen barrierefreien Zugang zum Bahnsteig erhalten.

Ottweiler

In Ottweiler verkehren seit der Eröffnung der Nahetalbahn im Jahr 1860 im Abschnitt Idar-Oberstein–Neunkirchen Züge. Für 77 Jahre war Ottweiler Durchgangsbahnhof, ehe die Ostertalbahn eröffnet wurde. Die Museumszüge im Ostertal (siehe nächste Doppelseite) konnten anfänglich jedoch nicht im Bahnhof Ottweiler halten. Da Gleis 3 im Jahr 1992 zurückgebaut wurde und somit kein Bahnsteiggleis direkt vom Ostertal befahrbar war, fand der Museumsverkehr erst zwischen dem Haltepunkt Ottweiler-Wingertsweiher und Schwarzerden statt. Im Jahr 2004 wurde der Bahnsteig an Gleis 4 errichtet, wodurch die Museumszüge des AkO nun auch im Bf Ottweiler halten können und den Fahrgästen somit ein direkter Umstieg zu den RB sowie RE Richtung Saarbrücken und St. Wendel bzw. Mainz möglich ist. Die RE Frankfurt–Saarbrücken wurden 2014 durch den Bahnbetreiber Vlexx (Vier-Länder-Express, Tochter der Länderbahn GmbH) mit Triebwagen der BR 620 (LINT 81) und 622 (LINT 54) übernommen. Nach der Ausschreibung des Elektronetzes Saar hat der Vlexx im Dezember 2019 mit Los 2 die RB 73 nach St. Wendel bzw. Neubrücke zusammen mit den anderen RB-Linien durch Neunkirchen und das Illtal übernommen. Beim Vergleich der Bilder vom Oktober 1990 mit einer CityBahn nach

Türkismühle, vom April 2012 mit 218 424 als RE nach Mainz und vom Juni 2022 mit 8442 141 als RB nach St. Wendel fallen einige Veränderungen auf. Der Gleisanschluss der Gießerei Werle links, und das Stumpfgleis rechts wurden in den 1990er-Jahren zurückgebaut. Rechts an der alten Güterabfertigung befanden sich einst umfangreiche Ladegleise.

Haupersweiler Viadukt

Die 21 Kilometer lange Ostertalbahn von Ottweiler nach Schwarzerden ist, abgesehen von Streckenverlegungen, die jüngste saarländische Bahnstrecke, die im Personenverkehr befahren wurde. Eröffnet wurde sie zwischen Ottweiler und Niederkirchen am 26. September 1937 sowie im Abschnitt Niederkirchen–Schwarzerden am 15. Mai 1938. Ein Grund hierfür waren auch die Bauarbeiten am 85 Meter langen und 20 Meter hohen Haupersweiler Viadukt, als aufwändigste der 32 Brücken. Als das Haupersweiler Viadukt am 23. Mai 1987 von einem Sonderzug mit 211 082 auf dem Weg nach Schwarzerden befahren wird, war der planmäßige Personenverkehr im Ostertal bereits seit sieben Jahren eingestellt. Bis 2001 fand auf der Ostertalbahn nur noch Güterverkehr statt. Als Ende der 1990er-Jahre bekannt wurde, dass auch dieser kurz vor dem Ende steht, regte sich örtlicher Protest und es wurde 1999 von

Eisenbahnfreunden der Arbeitskreis Ostertalbahn gegründet. Zum 1. Januar 2000 konnte die Strecke vom Kreis St. Wendel auf 25 Jahre von der DB gepachtet werden. Da der Museumsverkehr im Ostertal ab 2001 mit Gastfahrzeugen aufgenommen wurde, gab es für einige Monate wieder planmäßigen Personen- und Güterverkehr im Ostertal. 2002 startete der Arbeitskreis Ostertalbahn mit eigenen Fahrzeugen (Rangierloks BR 323 (Köf 2), 332 und 335 (Köf 3) und dreiachsigen Umbauwagen (ex Bauzug)) den Museumsverkehr. Auch am 25. Oktober 2008 ist der Museumszug mit Köf 11 098 (332 098) unterwegs nach Schwarzerden. Auch wenn es im Ostertal reichlich Pendler Richtung Ottweiler gibt, kam man beim VEP zu einem negativen Ergebnis, da die Planer den Pendlerstrom nur Richtung St. Wendel sahen. Aus diesem Grund wurde die Ostertalbahn nicht in die Studie zur Detailplanung aufgenommen.

Türkismühle

Mit der Eröffnung der Bahnstrecke nach Wolfersweiler im Jahr 1934 wurde Türkismühle zum Knotenbahnhof, nachdem es bereits 37 Jahre lang aufgrund der Strecke nach Hermeskeil Abzweigbahnhof war. 1919 wurde hier eine Eisenbahnersiedlung errichtet, da Türkismühle von 1920 bis 1935 erstmals Grenzbahnhof war. Die Grenze zwischen Saargebiet und Deutschem Reich verlief südlich von Türkismühle, das noch zum Freistaat Oldenburg gehörte. Von 1947 bis 1956 war Türkismühle wieder Grenzbahnhof, diesmal aber mit der Grenze im Norden und somit zum Saarland gehörend. Ab 1969 hatte Türkismühle betrieblich eine Grenzfunktion, da hier die Oberleitung von Neunkirchen kommend endete, bevor sie 2014 bis Neubrücke (Nahe) verlängert wurde. Somit wendeten in Türkismühle über viele Jahre die elektrischen Züge aus Saarbrücken, wie auch auf dem Foto vom 6. April 1987 zu sehen. Als 218 371 mit einem Eilzug nach Saarbrücken fährt, wartet ein Nahverkehrszug in Gleis 1 auf seine Rückfahrt.

Inzwischen ist Türkismühle nur noch Durchgangsbahnhof. Ebenso wie nach Hermeskeil endete auch 1969 nach nur 35 Jahren der Personenverkehr auf der Strecke nach Freisen. Die Anschlussstelle Wolfersweiler wurde noch bis 2012 mit Gaskesselwagen bedient. Nachdem der Abschnitt Wolfersweiler–Freisen 2014 abgebaut wurde, mussten 2019 auch die Gleise zwischen Türkismühle und Wolfersweiler weichen. Am 27. Februar 2022 fährt 620 413 als RE 29518 von Frankfurt (Main) nach Saarbrücken. Die modernisierten Bahnsteige sind zu diesem Zeitpunkt schon sieben Jahre alt. Das ehemalige Gebäude des Zolls auf Bahnsteig 2/3 wurde um das Jahr 2000 abgerissen. Die Anschlussweiche Richtung Nonnweiler sowie die letzten Meter Gleis im Bahnhof wurden ebenfalls entfernt, statt sie als Abstellgleis zu erhalten.

Nonnweiler

Der Bahnhof Nonnweiler entstand 1897 im Zuge der Eröffnung der Bahnstrecke Hermeskeil–Türkismühle am 15. Mai. Noch im selben Jahr, genauer am 10. Dezember, wurde auch die Strecke über Wadern nach Lebach eröffnet. Südlich des Bahnhofs gab es bis 1968 ein Gleisdreieck, das auch Fahrten von Türkismühle nach Wadern ohne Richtungswechsel in Nonnweiler erlaubte. 1969 verkehrte der letzte Personenzug zwischen Hermeskeil und Türkismühle. Für Überführungen wurde die Strecke jedoch noch weiter genutzt, sodass im Januar 1980 noch 211 223 mit Personenwagen in Nonnweiler im Bild festgehalten werden konnte. Hermeskeil wurde bis Mitte der 1990er-Jahre noch täglich von Güterzügen von Türkismühle aus angefahren. Der Güterverkehr zu einem Industriebetrieb in Mariahütte durch die DB endete 1999 mit der Umsetzung des Programms

MORA C (Marktorientiertes Angebot Cargo), dem auch viele andere Anschlüsse zum Opfer fielen. Ab 1998 gab es zwischen Hermeskeil und Türkismühle Museumsverkehr durch den Hochwaldbahn e.V., der ab 2004 die Strecke von der DB pachtete. Da die Löstertalbrücke südlich von Hermeskeil umfangreich hätte saniert werden müssen, wurde die Strecke 2012 gesperrt, 2014 stillgelegt und auch der Pachtvertrag wurde aufgehoben. Trotz mehreren Industriebetrieben entlang der Strecke und dem vorhandenen touristischen Nutzen fehlten der politische Wille und die Weitsicht, die Strecke zu erhalten, sodass die Gleise 2020 entfernt wurden, um einen Radweg zu errichten. Im März 2022 erinnern nur noch das ehemalige Empfangsgebäude und die Bahnsteige an den Bahnhof Nonnweiler. Der Radweg ist an dieser Stelle bereits fertiggestellt.

Hofeld

Auf der Nahestrecke verkehrten seit der Eröffnung durchweg Schnellzüge, die sich jedoch zumeist auf die Relation Saarbrücken–Frankfurt beschränkten. Ab Sommer 1985 verkehrte der zuvor durchs Alsenztal fahrende D 254/255 Frankfurt (Main)–Paris Est über die Nahestrecke mit einer Fahrzeit von 2:26 Stunden zwischen Frankfurt und Saarbrücken. Gezogen wurde der aus SNCF-Wagen gebildete Zug planmäßig, wie auch auf dem Bild vom 28. März 1989, von einer Diesellok der BR 218 bis Saarbrücken und wurde dort mit Kurswagen aus dem D 2554 aus Stuttgart vereinigt. Mit dem Sommerfahrplan 1989 entfiel der D 254 und wurde bis Saarbrücken durch den E 3356 mit mehr Halten und längerer Fahrzeit ersetzt. Die Verbindung bis Paris übernahm bei etwa je 15 Minuten kürzerer Fahrzeit in Deutschland und

Frankreich sowie dem Laufweg über Mannheim der EC 54 „Gustave Eiffel". Ab 1997 wurden die Eilzüge mit 218 durch Neigetechnikzüge der BR 611 und später 612 ersetzt, wodurch sich 1997 die Fahrzeit zwischen Saarbrücken und Frankfurt um 16 Minuten auf 2:28 Stunden verkürzte, und das mit mehr Halten als bei D 254. Im Laufe der Jahre wurde die Fahrzeit aus verschiedenen Gründen immer wieder verlängert. So galt z.B. ab 2004 durch die Abschaltung der Neigetechnik wieder eine Fahrzeit von 2:44 Stunden. Als am 27. Februar 2022 zwei LINT 54 der Vlexx als RE 29519 Saarbrücken–Frankfurt (Main) Hbf bei Hofeld (Gemeinde Namborn) unterwegs sind, ist die planmäßige Fahrzeit mit 3:02 Stunden 18 Minuten länger als 1996 bzw. 2004 und sogar 36 Minuten länger als beim D 254.

Bw St. Wendel

Wie in einigen anderen saarländischen Städten gab es auch in St. Wendel ein Bw. Bis zur Auslieferung der ersten V100 in den 1960er-Jahren an das Bw St. Wendel waren hier hauptsächlich Loks der BR 38 beheimatet, bis 1972 aber auch Dampfloks der Baureihen 50, 57, 78 und 93. Danach wurde das Bw noch bis 1976 von Dampfloks anderer Bw angefahren. Die Baureihe 23 war, wie auf dem Foto vom 19. April 1975, zwar regelmäßig in St. Wendel, aber nie hier beheimatet. Bis 1981 war das Bw St. Wendel noch eigenständig und die Heimat von Diesel-loks wie 212, 261 oder 323. Somit war St. Wendel, neben Saarbrücken, das letzte eigenständige Bw im Saarland. Bis 1988 war das Bw noch Außenstelle des Bw Saarbrücken, bevor es ganz aufgelöst

wurde. Noch während dieser Zeit waren im 1905/06 erbauten 21-ständigen Lokschuppen Dampfloks vom Loksammler Bernd Falz abgestellt, ehe diese 1985 ins Dampflokmuseum Hermeskeil gebracht wurden. Nachdem das Bw St. Wendel aufgegeben worden war, verfiel der Lokschuppen langsam. Zu Beginn der 2010er-Jahre bestand Hoffnung auf eine Sanierung des Lokschuppens und eine Nutzung als Bowlingbahn. Wie das Foto vom Februar 2022 beweist, wurde die Sanierung zwar damals begonnen, aber bis heute nicht abgeschlossen. Neben dem Lokschuppen existiert heute noch der Wasserturm als Erinnerung an das Bw St. Wendel. Die Drehscheibe wurde vor über 20 Jahren entfernt, die Grube verfüllt und der Bereich dient als Parkfläche.

Oberthal

Im Juli 1912 begannen die Bauarbeiten an der Strecke St. Wendel–Tholey, die durch Ausbruch des Ersten Weltkriegs 1914 verzögert wurden. Den schon zu diesem Zeitpunkt bereits weit fortgeschrittenen Arbeiten ist es wohl zu verdanken, dass die Strecke fertiggestellt wurde. So konnte Oberthal ab dem 3. August 1915 per Bahn erreicht werden. Dank der hier ansässigen Saar-Feldspatwerke (Feldspat = Silikat-Minerale, wichtig zur Porzellanherstellung) und deren Transporten über die Schiene war Oberthal auch länger als Tholey mit der Bahn erreichbar, der Personenverkehr dauerte aber nur wenige Monate länger und endete schließlich zum 1. Juni 1984. In Oberthal bestand auch die Möglichkeit, auf der ansonsten eingleisigen Strecke zu kreuzen, was zeitweise auch planmäßig gemacht wurde, wie das Bild vom 15. Juni 1977 beweist. Die 212 wird in Kürze ihre Fahrt als N 6265 nach Tholey fortsetzen, während der 795/995 als N 6264 auf Abfahrt nach St. Wendel wartet. Nachdem das Frachtaufkommen der Feldspatwerke immer mehr abnahm, kam zum 1. Februar 1995 das endgültige Aus für die Bahn in Oberthal. Bemühungen der lokalen Politiker um eine Reaktivierung liefen ins Leere, sodass die Strecke am 1. Dezember 1996 stillgelegt und anschließend abgebaut wurde. Heute sind das ehemalige Gleis 2 sowie die Bahnstrecke durch einen Radweg überbaut. Der ehemalige Bahnsteig von Gleis 2 ist auch 2022 noch gut zu erkennen, das Empfangsgebäude befindet sich im Besitz einer Baufirma. Selbst das Bahnhofsschild hat die Bahnstrecke überdauert, allerdings einen neuen Standort in der Ortsmitte (Hauptstr. Abzweigung Poststr.) bekommen.

Tholey

Knapp zwei Monate nach Eröffnung der Strecke St. Wendel–Oberthal konnte am 1. Oktober 1915 auch der Abschnitt Oberthal–Tholey eröffnet werden. Der Grund für die etwas verzögerte Eröffnung des Abschnitts waren die Arbeiten am 435 Meter langen Varus-Tunnel (andere Quelle: Wareswald-Tunnel). Den Planungen nach sollte die Strecke hinter dem Bahnhof Tholey durch einen weiteren Tunnel Richtung Sotzweiler und Lebach weiter gebaut werden, wozu es aber nie kam. Der Einschnitt zum geplanten östlichen Tunnelportal ist heute noch zu sehen. An Sonn- und Feiertagen wurde die Strecke schon seit 1965 nicht mehr befahren und die Verbindungen „(Straßen)verkraftet", sprich auf Busverkehr umgestellt. Nachdem

ab dem 23. Mai 1982 nur noch ein Zugpaar von Montag bis Freitag morgens nach Tholey kam, folgte am 23. September 1983 die endgültige Einstellung des Personenverkehrs zwischen Oberthal und Tholey. Zum 30. Mai 1987 wurde auf dem Abschnitt auch der Güterverkehr eingestellt, die Strecke stillgelegt und zum Abbau freigegeben. Dieser erfolgte zwei Jahre später im Mai 1989. Heute erinnern noch das Empfangsgebäude, der zugemauerte Tunnel sowie die Bahnhofsstraße an die Eisenbahnhistorie Tholeys. Das ehemaligen Bahngelände wurde zum „Mischgebiet" und es siedelten sich verschiedene Gewerbebetriebe an. Der „Schaumbergturm" auf dem gleichnamigen Berg wacht nach wie vor über Tholey.

Danksagung

Ein Buch wie dieses ist nur dank vieler historischer Fotos möglich, wobei ich altersbedingt auf öffentliche und insbesondere private Archive der älteren Generationen angewiesen bin. Zum Gelingen dieses Werkes haben neben dem Archiv von Rainer Schedler hauptsächlich die Archive mehrerer Mitglieder der DGEG Saar beigetragen. Daher geht mein besonderer Dank an Martin Springer als Vorsitzender der DGEG Saar sowie an die Mitglieder Hans-Henning Boerst, Axel Enderlein und Klaus Schwinn. Bedanken möchte ich mich auch bei den weiteren Bildautoren Manfred Britz (†), Jörg Klawitter, Manuel Mathieu und Michael Strauss sowie dem Modellbahnclub Bexbach. Auch allen anderen, die zum Gelingen dieses Buches beigetragen haben, gilt natürlich ein besonderer Dank. Hier sind insbesondere Franz-Josef Weisgerber, Günther Flesch sowie Georg Dollwet von der BSW Ortsgruppe Dillingen zu nennen, die mich mit Informationen unterstützt haben. Darüber hinaus danke ich dem Museums-Eisenbahn-Club Losheim für die Unterstützung bei der Erstellung der Fotos in Losheim sowie Jörg Schedler für den Zugriff auf das Archiv von Rainer Schedler. Nicht zuletzt natürlich auch ein großes Dankeschön an meine Frau Marion und meine Tochter Josephine, die einige Zeit auf mich verzichten mussten oder mich zu Fotostellen begleitet haben und dort warten mussten, bis das passende Motiv endlich „im Kasten“ war.

Bildnachweis

Florian Bender: Einband vorne unten, S. 9, 11, 13 o, 13 u, 15, 16 o, 16 u, 19, 21, 23 u, 27, 29, 33, 35, 37, 39, 41, 43, 45, 47, 49, 51, 53, 55, 57, 59 o, 59 u, 61, 63, 65, 67, 71, 73, 75, 77, 79, 85, 87, 89, 91, 93, 95, 97 o, 97 u, 101, 103 u, 105, 107, 109, 111, 113, 115 o, 115 u;
Sammlung Florian Bender: Einband vorne oben, Vorsatz;
Markus Bender: S. 120;
Hans-Henning Boerst (DGEG Saar): S. 24, 56, 76, 78, 94, 98, 112, 114, Einband hinten links;
Manfred Britz (†): S. 70, 86;
Axel Enderlein (DGEG Saar): S. IV, 17, 74, 100, 106, 110;
Gemeindearchiv Saarwellingen: S. 80;
Jörg Klawitter: S. 25, 42, 46, 50, 64, 66, 68, 69, 72, 81;
Manuel Mathieu: S. 31;
Modellbahnclub Bexbach: S. 8;
Rainer Schedler, Archiv Jörg Schedler: S. 20, 22, 28, 34, 40, 44, 48, 52, 60, 62, 82, 84, 88, 90, 92, 96, 103 o, 116;
Klaus Schwinn (DGEG Saar): S. 2, 10, 12, 14, 18, 26, 32, 36, 38, 54, 58, 102;
Martin Springer (DGEG Saar): S. 99, 108, 117, Einband hinten rechts;
Michael Strauß: S. 23 o, 30, 104.

Literaturnachweis

Becker Karl-Heinz; Pacem Hermann: *100 Jahre Niedtalbahn*, Pirrot Verlag, Saarbrücken 2001.

Dollwet Georg u.a.: *Museumseisenbahn Merzig–Losheim*, MECL, Losheim 1998.

Halm E.R.: *Die Eisenbahnen des Saarlandes im Wiederaufbau*, Pressedienst der Eisenbahnen des Saarlandes, Saarbrücken 1952.

Hoppstädter Kurt: *Die Entstehung der Saarländischen Eisenbahnen*, Veröffentlichungen des Instituts für Landeskunde des Saarlandes, Saarbrücken 1961.

Janson Karl-Heinz; Schöpp Wolfgang: *Der Eisenbahnknoten Völklingen*, Sutton Verlag, Erfurt 2014.

Lorig Dieter; Weisgerber Franz-Josef: *Die Eisenbahnen im Landkreis Saarlouis*, Sutton Verlag, Erfurt 2016.

Schäfer Theo: *Die Eisenbahnstrecke St. Wendel–Tholey*, Eigenverlag, Theley 1997.

Schäfer Theo: *Eisenbahnen im Hochwald*, Verein für Heimatkunde Nonnweiler e.V., 2002.

Steinfeld Heinrich: *Betriebssteuerzentrale der Deutschen Bundesbahn in Saarbrücken*, Standard Elektrik Lorenz, Stuttgart.

Steitz Eckhard: *140 Jahre Eisenbahndirektion Saarbrücken*, Pressedienst der Bundesbahndirektion Saarbrücken, Saarbrücken 1993.

Sturm Heinz: *Die pfälzischen Eisenbahnen*, Veröffentlichungen der Pfälzischen Gesellschaft zur Förderung der Wissenschaften Band 53, Speyer 1967.

Einband vorn: Zwischen den beiden Fotos vom Bahnhof Würzbach liegen etwa 100 Jahre. Das historische zeigt eine Preußische P8, spätere BR 38, aufgenommen wohl zwischen 1918 und 1935, das aktuelle 642 181 am 5. März 2021 als RB nach Saarbrücken. In dieser Zeit gab es einige Veränderungen. So wurde z.B. der Güterschuppen abgerissen und der Bahnsteig zu Gleis 2 als Außenbahnsteig neu gebaut, an der Stelle des einstigen Ladegleises befindet sich heute ein Parkplatz.
Vorsatz: Auszug aus einer Streckenkarte der Bundesbahndirektion Saarbrücken, Stand Oktober 1979. Die verschiedenen Farben kennzeichnen den Zuständigkeitsbereich der jeweiligen Betriebsämter. Da die Strecke Merzig Süd–Nunkirchen von der Merzig-Büschfelder Eisenbahn (MBE) als Nichtbundeseigene Eisenbahn (NE) unter Aufsicht der Landeseisenbahnaufsicht betrieben wird, hat sie ebenso wie auch die Strecken der SNCF in Frankreich keine Farbe.
Nachsatz: Skizze der Bahnstrecken im Saarland mit dem Betriebszustand im November 2023. Aufgrund der Vielzahl von Gleisanschlüssen im Saarland sind nur solche aufgenommen, die eine VzG-Streckennummer (Verzeichnis zulässiger Geschwindigkeiten) erhalten haben. Die Unterscheidung nach DB- und NE-Strecken bezieht sich auf den Betreiber der Infrastruktur, nicht auf die Verkehre.
Einband hinten: Blick auf den Bahnhof Merchweiler (siehe Seite 98/99).

Über den Autor

Florian Bender aus Blieskastel, Jg. 1988, interessierte sich von Kindesbeinen an für das Thema Eisenbahn. Der gelernte Tischler ist seit 2023 als Baubetriebsplaner bei DB Engineering & Consulting beschäftigt. Zuvor war er neun Jahre als Fahrdienstleiter bei der DB Netz AG auf mehreren Stellwerken (Zweibrücken, Pirmasens Nord und Dellfeld von 2013 bis 2016, anschließend Mettlach, Dillingen/Saar und Schopp) im Einsatz. Über die Jahre baute er sich ein Archiv zur Eisenbahngeschichte, insbesondere seiner Heimat, des Saarpfalz-Kreises, auf. Seit 2010 ist er ehrenamtlich als Zugführer (Schaffner / Zugchef) bei verschiedenen Sonderfahrten in Deutschland unterwegs.

Impressum

Sutton Verlag GmbH
Schweickhardtstraße 1
72072 Tübingen
www.suttonverlag.de

ISBN: 978-3-96303-339-1
Druck: Printed in Poland by CGS
Gestaltung und Herstellung: Sutton Verlag

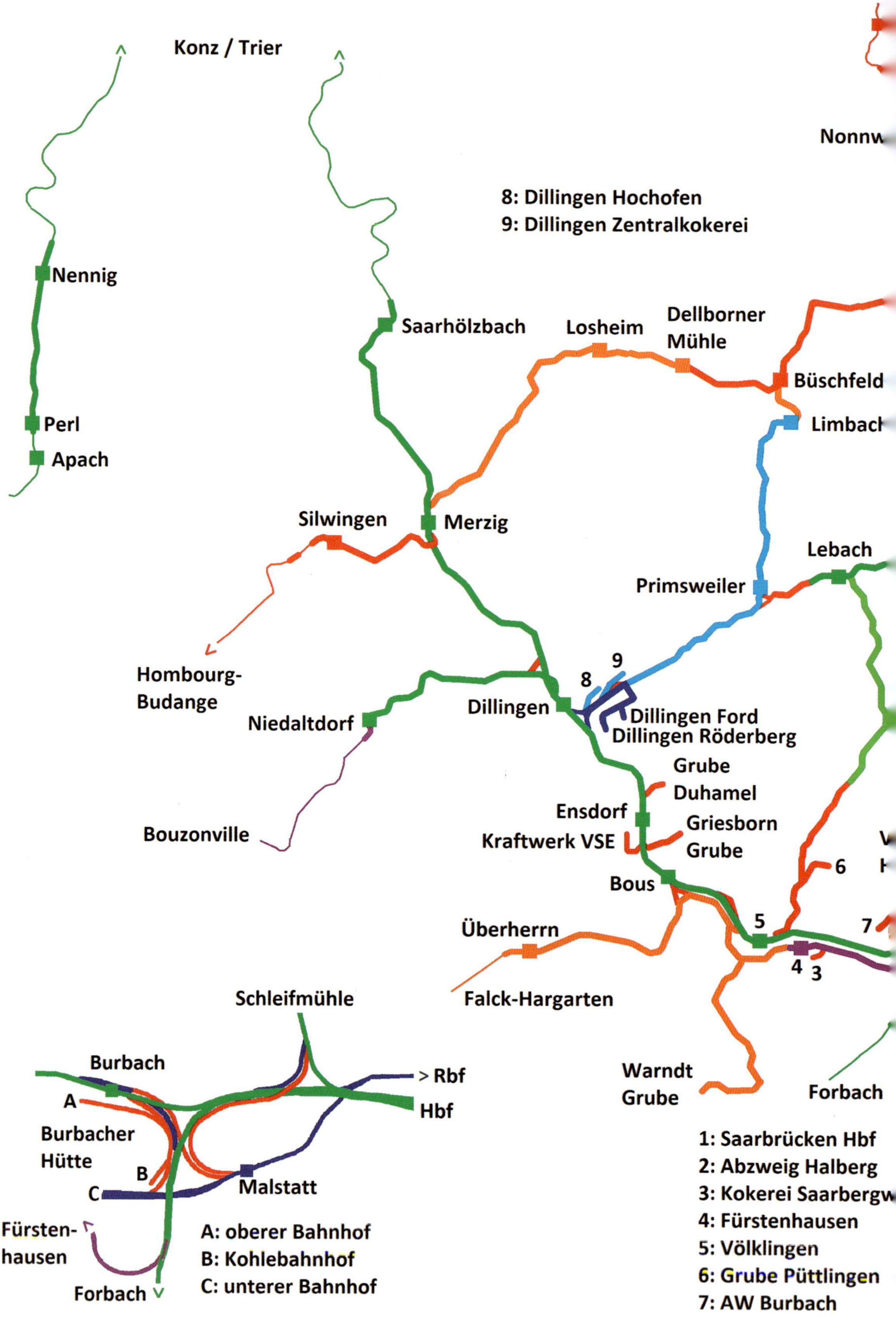

Konz / Trier
Nennig
Perl
Apach
Saarhölzbach
Losheim
Dellborner Mühle
Büschfeld
Limbach
8: Dillingen Hochofen
9: Dillingen Zentralkokerei
Silwingen
Merzig
Lebach
Primsweiler
Hombourg-Budange
Niedaltdorf
Dillingen
8
9
Dillingen Ford
Dillingen Röderberg
Grube Duhamel
Ensdorf
Kraftwerk VSE
Griesborn Grube
Bouzonville
Bous
6
5
7
4
3
Überherrn
Falck-Hargarten
Schleifmühle
Burbach
A
Burbacher Hütte
B
C
Malstatt
> Rbf
Hbf
Fürsten-hausen
Forbach
A: oberer Bahnhof
B: Kohlebahnhof
C: unterer Bahnhof
Warndt Grube
Forbach
1: Saarbrücken Hbf
2: Abzweig Halberg
3: Kokerei Saarbergw
4: Fürstenhausen
5: Völklingen
6: Grube Püttlingen
7: AW Burbach